Les nouvelles guerres de l'énergie

Groupe Eyrolles
61, bd Saint-Germain
75240 Paris Cedex 05
www.editions-eyrolles.com

Sous la direction
de Jean-Marie Chevalier
et Patrice Geoffron

Avant-propos de Gérard Mestrallet
et d'Isabelle Kocher

LES NOUVELLES GUERRES DE L'ÉNERGIE

EYROLLES

Sommaire

**PARTIE 3 – LES ENTREPRISES EN TRANSITION :
À LA RECHERCHE DE NOUVEAUX MODÈLES ÉNERGÉTIQUES**

PARTIE 4 – AU-DELÀ DES TURBULENCES DE NOTRE DÉCENNIE

Avant-propos

Gérard Mestrallet et Isabelle Kocher

Le Forum de l'énergie de novembre 2016 a eu pour thème « les nouvelles guerres de l'énergie », titre certes provocateur, mais qui reflète la violence et l'incertitude du contexte dans lequel se prennent les décisions politiques et stratégiques dans le secteur énergétique.

Cette édition 2016 s'inscrit dans un effort initié depuis bientôt dix ans, entre ENGIE, Associés en Finance et l'université Paris-Dauphine, pour réfléchir ensemble aux transformations du monde de l'énergie. Nous avions sans doute visé juste en créant cette « agora » qui, depuis l'origine, a attiré plus de 10 000 personnes : professionnels de l'énergie, étudiants, universitaires, journalistes, citoyens éclairés, etc. Face à ce public, nous convions des responsables publics, des dirigeants d'entreprises et des experts du secteur à exprimer de la façon la plus concise possible – exercice de haute précision, en quelques minutes – leur perception des grands défis du moment et leur vision des réponses.

La période couverte par les différentes éditions du Forum a vu le paysage énergétique se transformer en profondeur, très au-delà de ce que nous anticipions à la création de ce rendez-vous annuel. Citons, parmi les multiples évolutions, les fortes fluctuations des prix des hydrocarbures, avec les sommets incroyables atteints en juillet 2008 (près de 150 dollars le baril) et l'effondrement inattendu du prix du baril en 2014 ; le développement rapide du gaz et du pétrole de schiste aux

États-Unis ; la libéralisation désordonnée du secteur européen de l'énergie et le fait qu'aucune politique européenne efficace n'ait pu émerger dans ce champ ; l'accident de Fukushima et les impacts de ce drame sur certaines stratégies énergétiques nationales (refus allemand du nucléaire et apparition du concept de « transition énergétique » illustré par la marche forcée de l'Allemagne vers les énergies renouvelables – éolien, solaire – et la longue mise en place de la loi française sur la transition énergétique et la croissance verte) et, *in fine*, les effets multiples de ces « événements » sur la situation financière des entreprises de l'énergie.

Pour nos forums, le fil rouge, de Copenhague en 2009 à Marrakech en 2016, en passant naturellement par Paris et la COP21 de 2015, aura surtout été la montée en puissance de la menace du réchauffement climatique – et des efforts pour la juguler, notamment lors de ce Forum de 2016 que le président Laurent Fabius a introduit. Avec la signature de l'accord de Paris, près de 200 pays ont exprimé la claire volonté d'éviter une augmentation de la température de la planète de plus de 2 °C par rapport à l'ère préindustrielle (et, dans toute la mesure du possible, de viser une limite de 1,5 °C). Certes, la somme des engagements des États ne reflète pas, du jour au lendemain, une rupture de tendance (car les systèmes énergétiques sont des « paquebots ») et nous restons toujours aujourd'hui sur une trajectoire comprise entre 3 et 4 °C. Toutefois, la COP21 de Paris en 2015 a permis de faire émerger une mobilisation intense, très au-delà des gouvernements : les entreprises d'abord, mais aussi les villes et collectivités locales, les organisations et associations de citoyens ; tous ces acteurs ayant comme détermination commune d'agir directement pour transformer nos modèles de vie en société. Cette prise de conscience conforte la volonté de faire de nos forums des espaces ouverts de réflexion et de partage.

Il nous est apparu, au terme du Forum 2016, que la richesse de nos échanges méritait d'être transcrite dans un ouvrage, dans le prolongement de *L'Énergie en état de choc* (Eyrolles, 2015), livre qui a obtenu le prix Turgot décerné par le ministère de l'Économie et de l'Industrie. Comme pour la précédente édition, nous espérons que l'écho de nos débats éclairera le lecteur sur la difficile marche du monde énergétique.

> " La COP21 de Paris en 2015 a permis de faire émerger une mobilisation intense, très au-delà des gouvernements.

La transition turbulente comme « nouvelle norme » énergétique ?

Jean-Marie Chevalier et Patrice Geoffron

L'appellation « guerre de l'énergie » semble renvoyer (comme la « guerre froide ») à un vocabulaire suranné, ancré dans le XXe siècle et ses chocs pétroliers. D'autant que la COP21 de 2015 et l'accord de Paris ont projeté l'image d'une large volonté de coopération, annonçant l'émergence de nouvelles filières énergétiques, peu carbonées, hautement connectées… Pour preuve de cette dynamique coopérative, l'accord a été ratifié dans des délais records, en seulement quelques mois, de sorte que la COP22 de Marrakech en 2016 a pu s'ouvrir en prenant appui sur ce cadre juridique commun.

Cet accord, en instaurant une logique d'élaboration ascendante (à partir du volontariat des États) et inclusive (tous sont appelés à faire des efforts de transition et non plus seulement les pays développés), inaugure bien une nouvelle ère dans la lutte contre le réchauffement climatique. Sa logique sous-jacente est qu'une masse critique suffisante d'acteurs décidés (Europe et Chine très certainement, États-Unis pensait-on) accélérera le déploiement de solutions « bas carbone », permettant leur maturation et leur diffusion accélérée dès la décennie à venir.

Mais, dans l'arrière-plan de cette nouvelle architecture climatique visant à l'apaisement, la scène énergétique de ces dernières années aura été, en réalité, plus que jamais dominée par l'affrontement et le chaos :

- ces travaux de planification du long terme des COP se sont inscrits dans un panorama d'hystérisation du marché pétrolier (et plus globalement d'instabilité des marchés d'énergies fossiles) ;

- avec la chute brutale des cours du baril de 2014, puis les efforts de l'OPEP et de la Russie pour recréer du pouvoir de régulation en 2016, dans l'espoir d'une remontée nette et durable des prix de l'or noir.

> **Dans l'arrière-plan de cette nouvelle architecture climatique visant à l'apaisement, la scène énergétique de ces dernières années aura été plus que jamais dominée par l'affrontement et le chaos.**

Cette configuration est tout sauf un concours de circonstances éphémère : les facteurs économiques aussi bien que géopolitiques portent à croire que nous sommes entrés dans un nouveau « régime » où les efforts de transition énergétique à long terme seront durablement soumis à la « tyrannie » des chocs de court terme.

Cette tyrannie s'exerce à la fois au plan microéconomique, l'instabilité des prix des énergies (prix de l'électricité inclus) complexifiant la planification d'investissements qui s'étalent souvent sur des décennies, et au plan macroéconomique, car les variations brutales du prix des hydrocarbures sont des facteurs de crises susceptibles d'affecter durement certains pays producteurs et, par ricochets, les consommateurs.

En 2016, la géopolitique s'est en outre ingéniée à complexifier encore la donne, avec une élection de Donald Trump qui fait peser le doute sur l'engagement des États-Unis dans la lutte contre le réchauffement climatique, sur sa politique énergétique et, plus largement, sur le modèle de globalisation, venant densifier encore le lot d'incertitudes sur lequel repose la croissance mondiale (et donc la demande énergétique).

Or, l'Agence internationale de l'énergie estime que près de 40 000 milliards de dollars d'investissements devront être orientés dans les vingt années à venir vers les systèmes énergétiques, en cohérence avec les objectifs de lutte contre les dérèglements climatiques. Les entreprises des filières énergétiques auront compris, dans le chaos de la décennie 2010 (et sans garantie aucune sur la stabilité de la suivante), qu'il faudra réussir ce tour de force d'investir massivement par temps de grandes instabilités économiques, sans bien connaître la demande et avec, de surcroît, une idée assez vague du prix final auquel sera vendue l'énergie délivrée.

> « L'élection de Donald Trump fait peser le doute sur l'engagement des États-Unis dans la lutte contre le réchauffement climatique.

Le World Energy Council qualifie cette nécessité d'innover et d'investir massivement dans un environnement hautement instable de *« new normal »*. Essayons d'analyser les ressorts de cette « norme nouvelle » avec laquelle devront composer les acteurs de la scène énergétique.

INCERTITUDES MACROÉCONOMIQUES, SOUBRESAUTS GÉOPOLITIQUES, CHOCS DE PRIX…

La crise dite des «*subprimes*» a inauguré un jeu de «*stop and go*» dans la croissance économique ainsi qu'un découplage entre l'OCDE et le monde émergent. Cette phase fait suite à une longue période qualifiée de «grande modération» (de la fin des années 1980 au milieu des années 2000) en raison de la relative constance de la croissance du PIB avec, à la clé, un prix du pétrole stable et modéré et une progression raisonnablement prévisible de la demande d'énergie. La rupture macroéconomique que nous vivons depuis dix ans se traduit par une plus forte instabilité de cette demande (notamment pour les besoins industriels) et, par conséquent, des doutes accrus sur l'orientation et le bon rythme des investissements (publics et privés) dans la sphère énergétique. À cet égard, l'année 2009 avait rappelé, de manière spectaculaire, la sensibilité des flux d'énergies à la conjoncture : pour la première fois depuis 1945, un recul net de la consommation mondiale d'électricité avait été enregistré.

> **En 2009, pour la première fois depuis 1945, un recul net de la consommation mondiale d'électricité a été enregistré.**

Cette absence de perspective macroéconomique claire constitue un handicap majeur lorsqu'il s'agit de programmer des investissements énergétiques à durée de vie longue : développement de capacités de production d'électricité ou de chaleur, de réseaux de transport et de distribution d'électricité ou de gaz, systèmes de capture et de séquestration du carbone…

De plus, et comme dans les années 1980 (marquées par la crise de la dette des pays en voie de développement), le contre-choc pétrolier des années 2010 a induit aussi des transferts de richesses très violents : pour avoir un ordre de grandeur, retenons qu'une baisse des prix de 100 à 50 dollars/baril représente un recul du chiffre d'affaires du brut de plus de 1 500 milliards de dollars/an, un tiers correspondant à un transfert des pays exportateurs vers les pays importateurs. Ce transfert a mis en danger, pour certains suraigu, des pays exportateurs (Venezuela, Algérie…) qui n'avaient pas tous cumulé 700 milliards de dollars de réserves comme l'Arabie Saoudite. Du côté des importateurs, pour une Europe toujours et encore convalescente, cette ristourne sur les achats de pétrole a comporté des coûts à peine cachés (réduction des marchés pour les exportateurs de biens et services vers les pays du Golfe, stress sur le secteur pétrolier et parapétrolier, notamment en mer du Nord) et qui ne sont pas tous de nature économique (accroissement des pressions migratoires dans le Bassin méditerranéen). Les efforts conjoints de l'OPEP et de la Russie laissent entrevoir une remontée des prix dans la zone (50-70 dollars/baril en 2017, plutôt que 30-50 dollars depuis 2014 – soit à des niveaux moins délétères pour les pays exportateurs). Mais la complexité de ce monde n'interdit pas un retour à 30 dollars ou une poussée d'hypertension à 200 dollars en 2017 ou 2018…

Car, bien au-delà du seul marché pétrolier, l'année 2016 est singulièrement venue rebattre les cartes géopolitiques mondiales. L'élection de Donald Trump, le Brexit, les fragilités institutionnelles et économiques en Europe, l'intervention de la Russie au

Moyen-Orient ouvrent sur un monde rebelle aux calculs de probabilité et à la prospective et où alliances et oppositions entre grands acteurs sont toutes sous hypothèques (États-Unis, Europe, Russie, Chine).

> " Bien au-delà du seul marché pétrolier, l'année 2016 est singulièrement venue rebattre les cartes géopolitiques mondiales.

Cette nouvelle géopolitique envahit la sphère énergétique :

- le pétrole est une possible source de financement du terrorisme, tandis que certaines installations énergétiques peuvent apparaître comme des cibles potentielles ;

- la nouvelle politique énergétique américaine d'encouragement à la production de fossiles accroît l'indétermination sur les futurs flux internationaux de pétrole, de gaz et de charbon et sur les cours afférents ;

- et, du côté de la demande, en envisageant d'introduire des barrières aux échanges commerciaux, en particulier avec la Chine, le nouveau président américain pourrait éroder une croissance économique asiatique qui soutient la demande pétrolière et gazière, et donc les prix.

L'ACCORD DE PARIS SOUMIS À UN STRESS TEST PAR LA NOUVELLE ADMINISTRATION AMÉRICAINE

Pour espérer comprendre ce qui se joue avec le (possible) changement de cap des États-Unis dans la lutte contre le changement climatique, une prise de recul est utile.

La soutenabilité du modèle de croissance mondial est questionnée depuis le début des années 1970 dans le cadre de différents «sommets de la Terre» (Stockholm 1972, Nairobi 1982, Rio 1992). Dans les années 1990, cette prise de conscience se concentre sur les menaces de changement climatique, conduisant au protocole de Kyoto en 1997 (lors de la COP3) qui contient de premiers engagements de réduction des émissions de gaz à effet de serre.

La COP21 de décembre 2015, en ouvrant sur le premier accord à caractère global, constitue sans nul doute une étape majeure dans cette lutte et le terme «historique» qui lui a été accolé n'est pas galvaudé. Mais, paradoxalement, cet accord est «historique» bien qu'étant très insuffisant pour espérer contenir les effets du réchauffement climatique à un niveau acceptable. Il était établi, et cela dès avant l'ouverture de la conférence, que l'addition des contributions nationales déposées par les États (Intended Nationally Determined Contributions, INDC) restait encore très loin de l'objectif d'accroissement de la température limité à 2 °C (établi à Copenhague en 2009) et que les discussions dans l'enceinte du Bourget ne modifieraient pas cette donne initiale.

Schématiquement, ces engagements ne laissent entrevoir qu'une division par deux de l'excès d'émissions annuelles (de 30 à 15 milliards de tonnes de carbone en 2030), de sorte que les engagements en vigueur conduiraient plutôt vers un accroissement de 3 °C. L'effort incrémental à

> 66 L'accord auquel a abouti la COP21 est «historique» bien qu'étant très insuffisant pour espérer contenir les effets du réchauffement climatique à un niveau acceptable.

accomplir est d'autant plus considérable que l'objectif de Copenhague a été rehaussé à Paris, puisqu'il s'agit désormais de «contenir l'élévation de la température moyenne de la planète nettement en dessous de 2 °C par rapport aux niveaux préindustriels et de poursuivre l'action menée pour limiter l'élévation des températures à 1,5 °C[1]».

Laurent Fabius, président de la COP21, considérait dans son discours de clôture que l'accord est «différencié, juste, durable, dynamique, équilibré et juridiquement contraignant». Parmi cette longue liste, le qualificatif clé est le caractère «dynamique» de l'accord, c'est-à-dire la capacité à amender progressivement les engagements pris par les États, pour accroître drastiquement les efforts de réduction. C'est avec la confirmation, dans les dix prochaines années, de cette qualité dynamique que la portée réelle de l'accord de Paris devra être appréciée.

Au total, le processus de négociation, dans l'enceinte de la COP (mais également durant toute la phase préparatoire durant l'année 2015), dessine ainsi une nouvelle géopolitique du climat. À Kyoto en 1992, une frontière avait été établie entre les pays développés, responsables historiquement des émissions de gaz à effet de serre, et les pays en voie de développement. Mais, en vingt ans, cette césure s'est progressivement estompée avec la dynamique économique des grands pays émergents et, mécaniquement, la montée de leurs émissions.

Il avait été observé, dès novembre 2014 (en amont du G20 de Brisbane et aux côtés des États-Unis), que les Chinois (pourtant premiers émetteurs de CO_2) avaient

---

1. Accord de Paris, p. 2.

annoncé leur volonté de s'engager dans un accord ambitieux. Ce revirement s'explique par la pression interne de populations chinoises des villes soumises à un air excessivement pollué, notamment en raison du recours excessif au charbon. L'administration chinoise, au lendemain de la COP, a d'ailleurs annoncé la fermeture de 1 000 mines de charbon. En s'engageant de façon volontariste dans leur transition, la Chine vise aussi à acquérir un leadership sur certaines technologies bas carbone au plan international et à faire des filières renouvelables (mais également de l'efficacité énergétique, du stockage, du véhicule électrique…) un axe de redéfinition de son modèle productif. Il convient de prendre la mesure de cette donne nouvelle : avant 2015, les perspectives étaient que la courbe des émissions chinoises ne saurait être inversée avant le courant de la décennie 2030, alors qu'il est maintenant plausible que le point d'inflexion soit situé au milieu de la décennie 2020 (le recul de la croissance aidant également, il est vrai).

Ce « grand bond en avant » de la Chine, déterminée à gagner dix années dans la transition de son modèle énergétique, contribue à crédibiliser l'accord de Paris, tout en ouvrant une ère de concurrence internationale exacerbée dans les technologies bas carbone (où l'Empire du milieu pèse déjà pour un tiers du marché mondial).

> 66 La Chine vise à acquérir un leadership sur certaines technologies bas carbone et à faire des filières renouvelables un axe de redéfinition de son modèle productif.

Comment situer, dans ce contexte, la portée du climato-scepticisme de Donald Trump ? Ce dernier a érigé la course aux énergies fossiles en priorité de sa politique de sécurité nationale et de redressement économique, promettant d'annuler toutes les « restrictions tueuses d'emplois » et d'ouvrir les terres et eaux fédérales à la prospection d'hydrocarbures. Le néoprésident annonce à ses concitoyens non moins qu'une révolution énergétique, créatrice de millions d'emplois, sans dégrader la qualité de leur air, de leur eau et de leurs habitats naturels…

Et, à son entrée en fonction, les premières actions du 45e président des États-Unis sont conformes à sa campagne : avec la nomination de Scott Pruitt, climato-sceptique fervent, pour diriger l'Agence de protection de l'environnement (EPA), de Rick Perry (ex-gouverneur du Texas) au secrétariat à l'Énergie, de Rex Tillerson (ex-PDG d'ExxonMobil) comme secrétaire d'État, la relance du projet d'extension du pipeline Keystone XL (pour l'importation de pétrole du Canada, notamment issu des sables bitumineux) et du Dakota Access (du Dakota du Nord vers l'Illinois)…

Concernant la mise en œuvre de l'accord de Paris, le pire n'est pas certain, toutefois :

- certes, l'Administration américaine peut engager sa sortie du processus en quelques années ou (moins spectaculaire mais terriblement efficace) simplement de ne pas le mettre en œuvre en ne tenant pas les engagements pris de réduction des émissions (en diluant les contraintes sur la production électrique au charbon) ou de soutien au financement des efforts engagés dans les pays en voie de développement ;

- mais, outre que tout ne se joue pas au niveau fédéral (les États et les villes étant des acteurs puissants de la transition énergétique), si Donald Trump est réellement un président «pro-business», il sera conduit à considérer le potentiel en emplois des énergies renouvelables (et du véhicule électrique, des *smart cities*, du Big Data énergétique…) et à composer avec des entreprises puissantes et intéressées à la transition énergétique (notamment les GAFA). Et un président désireux d'être jugé à sa capacité de création d'emplois finira par observer que 200 000 personnes sont liées au solaire outre-Atlantique, tandis qu'il ne reste que 60 000 mineurs.

Surtout, cette tentation de repli sur le potentiel américain en énergies fossiles (si tant est que Donald Trump parvienne à drainer des investissements vers le charbon…) met les États-Unis en situation de risque de laisser le leadership des filières bas carbone à la Chine et, espérons-le, à l'Europe.

> 66 La tentation de repli sur le potentiel américain en énergies fossiles met les États-Unis en situation de risque de laisser le leadership des filières bas carbone à la Chine et, espérons-le, à l'Europe.

ÉNERGIES FOSSILES : DE LA PROFUSION À LA CONFUSION

Mais au-delà des intentions politiques, la réalité des marchés d'énergies fossiles doit aussi être observée avec soin pour se figurer les chemins de la transition.

Dans les années 1980, les pays importateurs se remettaient à grand-peine des peurs nées des chocs pétroliers de 1973 et 1979, dans un environnement où s'était installée, sous l'ombre portée du «*peak oil*», la crainte d'une fin des ressources fossiles. Au sortir des Trente Glorieuses, la crise du pétrole avait été assimilée (avec excès sans doute) à la cause de la crise économique de l'Occident (pauvre en ressources fossiles) et de la fin de sa prospérité. Émergeait alors un clivage entre énergies renouvelables (disponibles sans contraintes d'horizon de temps) et énergies non renouvelables (condamnées à une fin prochaine). En cette fin de décennie 2010, très étonnamment, il s'avère que le pétrole ne manque pas, qu'il abonde même ainsi que, globalement, l'ensemble des énergies fossiles, de sorte que la menace n'est plus d'en manquer, mais de les exploiter à l'excès, au risque d'une modification drastique et irréversible du climat. Autrement dit, l'histoire énergétique s'est écrite à rebours des craintes et intuitions des années 1980 : au lieu d'avoir à gérer la rareté des énergies fossiles, il s'agit d'en affronter la profusion durant le XXIe siècle.

> 66 L'histoire énergétique s'est écrite à rebours des craintes et intuitions des années 1980 : au lieu d'avoir à gérer la rareté des énergies fossiles, il s'agit d'en affronter la profusion durant le XXIe siècle.

Ce basculement dans la « profusion » s'est d'abord joué aux États-Unis, à partir de 2008, avec l'arrivée inattendue et massive de la production de gaz et de pétrole de schiste. Durant cette période, la production américaine de pétrole passe de 6,8 à 12,7 millions de barils par jour et la production de gaz de 570 à 767 milliards de mètres cubes. D'une position d'importateur massif de pétrole et de gaz, ils deviennent exportateurs, avec notamment du gaz naturel (conventionnel et non conventionnel) qui part vers l'Europe et l'Asie. Le gaz naturel américain, dont le prix a été divisé par trois, chasse le charbon pour la production d'électricité aux États-Unis, matière première qui s'exporte vers l'Europe à l'encontre du gaz naturel, plus cher, pour la production d'électricité.

Sous cette pression nouvelle, la structure du marché pétrolier international a profondément changé. Les trois premiers producteurs-exportateurs de pétrole brut sont maintenant au coude à coude : les États-Unis (12,7 millions de barils/jour en 2015), l'Arabie Saoudite (12) et la Russie (10,9). L'OPEP n'est plus en mesure d'agir seule sur les prix et l'effort de reprise en main de la fin 2016 a requis le renfort de la Russie. Et, même si les prix campent au-dessus de 50 dollars/baril début 2017 (soit 20 dollars de plus que début 2016), la politique américaine d'encouragement de la production (*via* une réduction des régulations et donc une baisse des coûts) aura pour effet de contenir la montée des cours du baril, conférant aux États-Unis le statut de « *swing producer* » (jusqu'alors apanage de l'Arabie Saoudite). La portée de cette configuration nouvelle mérite d'être bien jaugée :

- la présence des États-Unis limitera à la fois la remontée des prix, tout en fragilisant l'accord OPEP-Russie de réduction de la production. Il sera difficile à des pays qui, pour certains, dépendent massivement de leurs exportations de pétrole de modérer leur production, alors que les États-Unis souhaitent forer sans restriction… ;
- et, simple effet de la loi de l'offre et la demande, une expansion de la production nord-américaine,

> 66 L'OPEP n'est plus en mesure d'agir seule sur les prix.

en tirant le cours du baril vers le bas, limitera la capacité de Donald Trump à créer massivement des emplois *via* la filière pétrolière, en réduisant l'espace économique des producteurs locaux.

Le marché mondial du gaz naturel est lui aussi bouleversé par l'arrivée du gaz américain qui tend à aviver la concurrence entre les grands exportateurs internationaux. Ces flux de gaz naturel nord-américain sur les marchés asiatique et européen joueront également comme un facteur de baisse des prix dans ces zones. Ce qui conduit à considérer que, assez ironiquement, les efforts que souhaite entreprendre la nouvelle Administration américaine pour dynamiser sa production de pétrole et de gaz… produiront plus sûrement des effets positifs chez les grands importateurs que sont l'Europe et la Chine, dont les factures resteront tirées vers le bas, qu'aux États-Unis.

> ❝ L'Asie compte pour près des trois quarts de la consommation mondiale de charbon.

Quant au marché du charbon, il se concentre sur l'Asie qui compte pour près des trois quarts de la consommation mondiale. Dans bien des cas, il alimente la filière *low cost* pour la production d'électricité. Toutefois, les dégâts écologiques provoqués par le charbon, tant au niveau local (dramatiques pollutions de l'air) qu'au niveau global, constituent un problème majeur dans la gestion du couple énergie-climat. En 2016, le nombre d'institutions financières qui déclarent vouloir limiter, voire arrêter, leurs implications dans le charbon pour lutter contre le réchauffement climatique a grimpé en flèche. Cette dynamique est impulsée par des banques, des fonds de pension, des investisseurs de long terme, des entreprises même, qui proclament clairement leur volonté de participer activement à la lutte contre le réchauffement et, ce faisant, d'éviter d'être confrontés au risque de porter des *stranded assets*, c'est-à-dire des investissements frappés, dans une décennie ou deux, d'obsolescence climatique. C'est à ce type de réalité que Donald Trump se confrontera en cherchant à relancer le charbon aux États-Unis.

ÉNERGIES BAS CARBONE : À LA RECHERCHE DU *MARKET DESIGN* ET DE *BUSINESS MODELS*

Le large déploiement des technologies bas carbone, celles qu'il faut impérativement promouvoir pour lutter contre le réchauffement climatique (et combiner à des efforts d'efficacité énergétiques) est soumis à un cahier des charges classique dès lors qu'il est question de dispositifs techniques nouveaux : nécessité de stabilisation et de maturation des solutions expérimentées, de réduction des coûts de production *via* les économies d'échelle et la concurrence…

Mais à ces problématiques, somme toute, très conventionnelles pour des produits et processus industriels, s'ajoutent des complexités très spécifiques et qui confèrent à la transition énergétique bas carbone son caractère historiquement inédit.

Car cette transition énergétique équivaut, intrinsèquement, à modifier les fondements mêmes, en termes macroéconomiques, de la croissance en vigueur depuis le début de l'ère industrielle :

- avant la première révolution industrielle, le volume des émissions nettes de gaz à effet de serre était négligeable. Actuellement, ce niveau des émissions d'origine énergétiques avoisine les 35 milliards de tonnes de CO_2 ;

- comme, depuis les origines de l'ère industrielle, le PIB mondial a été multiplié environ par 100 (alors que la population n'a «que» décuplé sur cette même période), cela revient à constater que le «modèle économique» mondial de ces deux derniers siècles est très intensif en carbone.

> " Les pays les plus dynamiques (Chine, Inde) créent de la richesse selon la même logique énergétique que les premiers pays émergents au XIXe siècle : en recourant massivement au charbon.

Une telle observation n'est pas une grande source d'étonnement, car chacun sait que l'ère industrielle est fondamentalement l'ère du carbone. Mais, précisément, cela revient à dire que mettre en œuvre la transition énergétique bas carbone impose d'inventer, en deux ou trois décennies, un nouveau «modèle économique» mondial. Or, on observe que les pays les plus dynamiques (Chine, Inde, en première ligne) créent de la richesse selon la même logique énergétique que les premiers pays émergents au XIXe siècle, c'est-à-dire en recourant massivement au charbon ; de sorte que la pollution qui enserre New Delhi et Pékin est la même que celle qui planait sur le Londres de Dickens. À deux siècles d'écart, la recette énergétique pour assurer le décollage d'une nation est ainsi restée fondamentalement la même.

Un enjeu essentiel est donc de savoir si les pays les moins riches prendront, eux aussi à leur tour, le chemin du charbon-pétrole, ou si la transition leur donnera accès à des solutions sobres en carbone et efficaces pour assurer leur développement.

Pour mesurer ce qui se joue observons que :

- plus de 1 milliard de personnes n'ont pas d'accès à l'électricité en Afrique, Asie et Amérique latine ;

- l'Inde, l'Indonésie, le Pakistan et le Bangladesh représentent plus de 25 % de la population mondiale et ne comptent que pour 7 % de la consommation d'électricité ;

- en Afrique subsaharienne, seulement 30 % de la population est électrifiée, proportion bien inférieure encore dans certains pays : 4 % au Tchad, 2 % au Soudan du Sud…

Et le mouvement naturel n'est pas nécessairement celui de la réduction de ce grave déficit : en Angola, en Ouganda ou au Niger, ce pourcentage se détériore, notamment sous la pression démographique. Cette carence unique au monde induit des conséquences dramatiques en matière d'accès à l'eau, à la santé, à l'éducation, à l'emploi, à la sécurité des personnes et en matière de développement économique.

Des solutions existent pourtant, combinant notamment électricité solaire, éolienne ou hydraulique dans des microréseaux adaptés à des habitats ruraux dispersés. Dans les métropoles géantes d'Asie ou d'Afrique, les solutions sont plus complexes à mettre en œuvre, car elles supposent une démarche de planification urbaine intégrant tous les réseaux : énergies, eau, transports, télécommunications… Mais elles existent également.

L'essor des solutions bas carbone dans les pays les plus riches est également soumis à une série de défis.

> L'Union européenne, pionnière de la transition depuis son paquet énergie-climat de la fin des années 2000, se confronte aussi en pionnière aux écueils de cette démarche.

Tout d'abord, la transition concentre sur le secteur électrique les objectifs les plus antagonistes : réduire les émissions de gaz à effet de serre, assurer une parfaite sécurité des approvisionnements à court, moyen et long terme, fournir aux consommateurs industriels et aux particuliers l'électricité la moins chère et les services appropriés, promouvoir l'efficacité et la meilleure intelligence énergétique… En outre, plutôt que de piloter ces objectifs dans le cadre monopolistique «historique», la concurrence est introduite à tous les niveaux. L'Union européenne, pionnière mondiale de la transition depuis son paquet énergie-climat de la fin des années 2000, se confronte aussi en pionnière aux écueils de cette démarche :

- nécessité d'ajouter des correctifs multiples sur les mécanismes de marché pour les rendre compatibles avec les objectifs poursuivis (subventions aux renouvelables, contrats de long terme, mécanismes de capacité, prix plancher du carbone) ;

- tout en observant des effets paradoxaux et contraires à ce que vise la transition (primat du charbon sur le gaz, extension de la précarité énergétique des ménages…).

Autrement dit, les Européens, visionnaires dans leur volonté de lutter contre le réchauffement climatique, se heurtent aux problèmes épineux du bon *market design* et de la bonne régulation de la transition bas carbone, tout particulièrement dans le domaine électrique. Ce qui revient à constater que l'insertion sur une période ramassée de nouveaux dispositifs techniques n'est pas qu'un défi pour les ingénieurs, mais également pour les juristes et les économistes qui doivent élaborer des corps de règles adaptées à ces transformations.

Ensuite, les entreprises énergétiques engagées dans la transition sont à la recherche de nouveaux «modèles économiques». Cette nécessité procède, schématiquement, de deux caractéristiques de la transition :

- le déploiement de solutions énergétiques plus efficaces dans tous les domaines (habitat, transport, industrie…) fait que le but ne peut plus consister (parmi les pays de l'OCDE tout du moins) à se rémunérer sur des volumes d'énergie finale croissants, mais aussi sur la vente de services et produits améliorant cette efficacité ;

- comme les producteurs insèrent des moyens de production (éolien, photovoltaïque) dont la disponibilité est variable (dépendant de celle du vent et du soleil…), il faut valoriser les services qui permettront le délicat pilotage de ces systèmes (stockage, effacement de la consommation).

Sur un plan micro, ce pilotage de systèmes électriques (et gaziers) plus efficaces, mais plus complexes, passe par leur digitalisation et ouvre sur la possibilité d'organiser la production et la consommation sur une échelle locale (notamment en mobilisant des dispositifs de blockchain pour opérer les transactions).

Sur un plan plus macro, ces évolutions suscitent un intérêt légitime des GAFA. Alors que, dans les années 1980, les forces en tension procédaient de la confrontation entre les compagnies pétrolières des pays importateurs et les pays exportateurs, la progression dans notre siècle annonce, dans un monde de Big Data, une coopétition (mélange de coopération et de concurrence) entre les géants de l'Internet et de l'électronique et les opérateurs historiques du monde de l'énergie.

Enfin, dans ce panorama des questions soulevées par l'extension des technologies bas carbone, il importe de ne pas omettre le nucléaire, industrie «systémique» dont le développement a été influencé par les événements majeurs que sont les accidents de Three Miles Island, de Tchernobyl, de Fukushima.

Aujourd'hui, les perspectives sont très hétérogènes. Différents pays affirment leur volonté d'insérer le nucléaire dans leur stratégie énergétique : la Chine, le Royaume-Uni, la Russie, la Turquie, l'Afrique du Sud, certains pays du Moyen-Orient. Ce marché est très convoité par un petit nombre d'acteurs : EDF-Areva, le Russe Rosatom (qui vise la première place), Westinghouse-Toshiba, les Chinois (très dynamiques sur leur marché intérieur et déjà engagés sur Hinkley Point aux côtés d'EDF), les Coréens, présents au Moyen-Orient.

La vitesse de développement du nouveau nucléaire (dans le cadre d'une concurrence «oligopolistique» féroce), tirant les leçons de Fukushima, est difficile à estimer, car soumise à l'évolution des coûts et à d'éventuels nouveaux chocs.

D'un côté, il convient de souligner que le nucléaire n'est pas en mesure de bouleverser l'équation de la transition énergétique. Le cas de la Chine illustre ce phénomène : les Chinois ambitionnent de construire une vingtaine de réacteurs d'ici à 2030, mais la part du nucléaire dans le bilan national passera seulement de 1,5 à 3 %. Par ailleurs, l'entretien des 400 réacteurs qui existent dans le monde pose de redoutables problèmes associés à leur vieillissement : questions de sécurité, puis de démantèlement et de stockage des déchets radioactifs.

Mais, de l'autre côté et selon l'Agence internationale de l'énergie, le nucléaire peut concourir très significativement à la réalisation des objectifs de l'accord de Paris, en réduisant les émissions de CO_2 de 8 % en 2050, soit 20 % des réductions imputables à la production d'électricité.

> « Le nucléaire peut concourir très significativement à la réalisation des objectifs de l'accord de Paris.

LES CHEMINS DE LA « PAIX ÉNERGÉTIQUE »

Notre intention est ici de dessiner, au cœur des turbulences de notre décennie, les chemins de la « paix énergétique ».

Les expertises assemblées dans le présent ouvrage sont autant d'analyses lucides des problèmes techno-économiques et géopolitiques de notre monde énergétique. Mais notre espoir est que le lecteur sortira convaincu que, dans un environnement certes turbulent, des voies existent pour évoluer vers des modèles énergétiques, fondamentalement plus pacifiques car plus sobres en carbone.

Même si les incertitudes nées du cycle politique américain pourraient marquer un coup d'arrêt dans la dynamique inaugurée par la COP21 et confortée dans l'enceinte de la COP22, cette menace pourrait au contraire démontrer la résilience de l'accord de Paris et, mieux que tout discours incantatoire, révéler que suffisamment d'intérêts (portés par des États, des entreprises, des collectivités, des groupements de citoyens) sont coalisés dans le sens de la transition énergétique.

Rappelons qu'à la COP21, la plate-forme NAZCA (Non State Actor Zone for Climate Action) regroupait plus de 7 000 collectivités territoriales, 2 255 villes et 150 régions, représentant près de 20 % de la population mondiale et étant liées par des engagements de réduction de leurs émissions plus ambitieuses que leurs propres États. Un tel élan est possible, non pas seulement parce que les entités sont animées par des visionnaires, mais surtout parce que les solutions techniques existent et qu'elles sont suffisamment attractives pour drainer un flux croissant de capitaux, publics, mais aussi privés.

Ce message est aussi celui porté par le président Laurent Fabius qui nous a fait l'honneur d'introduire notre Forum de l'énergie 2016.

Partie 1

Énergie-climat : guerre et paix ?

Chapitre 1

Vers un pacte mondial pour l'environnement

Laurent Fabius

Le thème de notre conférence porte sur «les guerres de l'énergie» ; pourtant je vais vous parler de la paix. Il y a de multiples rapports entre les deux : la COP21, de même que toutes nos actions contre le dérèglement climatique constituent des engagements pour la paix.

Si nous n'agissons pas vite et fort, nous allons vers de plus en plus de sécheresses, de plus en plus de difficultés dans les accès à l'eau, de plus en plus de déforestations, de plus en plus de famines, et par conséquent de plus en plus de migrations. Inutile de poursuivre : cela signifiera que nous serons, malgré nous, confrontés à des guerres. D'ailleurs, il est intéressant de noter que le GIEC[1] – le groupement de scientifiques qui a beaucoup et bien travaillé sur cette question – n'a pas reçu le prix Nobel de physique ou de chimie, mais bien le Nobel de la paix.

> 66 Si nous n'agissons pas vite et fort, nous allons vers de plus en plus de sécheresses, de difficultés dans les accès à l'eau, de déforestations, de famines, et par conséquent de plus en plus de migrations.

___

1. Groupe d'experts intergouvernemental sur l'évolution du climat.

J'ai eu la chance de préparer, d'organiser et finalement de conduire la COP21, et j'observe aujourd'hui ce que j'appellerai le « paradoxe post-Paris ».

À Paris (et après Paris), des avancées majeures ont été obtenues. D'abord, la tenue de la COP elle-même, car rappelons qu'il s'est agi de mettre d'accord 195 pays, non pas sur des proclamations vagues, comme le disent ceux qui n'ont pas lu les textes, mais sur un document final de 140 paragraphes de décisions et 29 articles. Nous pouvons considérer que l'on a, à cette occasion, vraiment avancé.

Ces avancées ne sont pas dues au talent supposé de son président, mais essentiellement à ce que j'appellerai une « conjonction des planètes ». À la différence de la COP de Copenhague de 2009, c'est la première fois qu'ont été alignées à Paris :

- la « planète scientifique » grâce à laquelle les faits ne sont désormais – je laisse de côté M. Trump – plus sérieusement contestés ;

- la « planète économique », et plus largement sociétale, avec l'apport de nombreuses entreprises et collectivités ;

- et enfin la « planète politique », puisque sans l'accord des divers États (notamment américain, chinois, indien), nous n'aurions pas pu réussir à Paris.

Et, dans le prolongement de la COP21, des décisions très positives ont été prises :

- l'accord de Paris a été ratifié très rapidement, puisqu'il est entré en application le 4 novembre – qui intervenait d'ailleurs fort opportunément avant le… 8 novembre, jour de l'élection américaine ;

- des développements considérables en matière financière, en matière de technologie, relativement à l'impulsion et à l'engagement des entreprises et des collectivités locales ont été observés ;

- des accords importants ont été préparés ou signés, même si cela n'a pas toujours fait les grands titres de la presse : l'accord de Montréal sur les émissions dans les transports aériens, ou bien celui de Kigali sur les hydrofluorocarbures (HFC) ;

- enfin, la COP22 de Marrakech a permis de fixer la prochaine étape à 2018 et d'ancrer la nécessité de se projeter vers un horizon long, ce qui a conduit à l'engagement d'un certain nombre de pays – dont les États-Unis sous l'administration Obama – sur une neutralité carbone en 2050.

Mais le « paradoxe » est que ces avancées, indubitablement positives, ne sont toujours pas à la hauteur des nécessités. Il importe de comprendre pourquoi.

D'abord, parce que la dégradation de la température est plus inquiétante que prévu. Chaque année efface le record de température de la précédente : 2015 a dépassé 2014 et il est à craindre que 2016 dépasse 2015. Nous avions déjà atteint en 2015 + 1 °C par rapport à l'époque préindustrielle et, en 2030, nous aurons atteint les + 1,5 °C. Suivant la pente actuelle, nous atteindrions les + 2 °C dès 2050, soit 50 ans avant l'horizon 2100.

> La dégradation de la température est plus inquiétante que prévu.

Ensuite, en dépit d'investissements massifs dans les énergies renouvelables, la composition du mix énergétique mondial reste dominée par les fossiles à 82 % :

30 % pour le pétrole, 29 % pour le charbon – qui constitue le problème majeur, en particulier dans la zone asiatique – et enfin le reste, 23 %, pour le gaz naturel.

Donc le «paradoxe post-Paris» est que, d'un côté, nous avons réalisé des progrès considérables mais que, de l'autre, nous sommes encore loin du niveau requis, avec un mix énergétique mondial très massivement carboné.

Pour avancer, il est impératif d'assembler un puissant triangle :

- il nous faut mobiliser des financements, beaucoup plus de financements ; financements publics bien sûr, mais le basculement interviendra dès lors que la finance privée encouragera vraiment les énergies propres et non plus les énergies fossiles ;

- il nous faut des technologies, massivement, car sans technologies de rupture, on ne résoudra pas le problème à temps ;

- il faut cette alliance, réussie à Paris, entre d'un côté les pouvoirs publics (les gouvernements et les collectivités locales) et de l'autre les entreprises et la société civile.

C'est cette triple alliance qui nous permettra, nécessité absolue, d'affronter avec succès les menaces climatiques.

> ❝ L'enjeu n'est pas, comme on le dit parfois, la survie de la planète, mais la survie de l'humanité.

Je ne suis pas naïf, ni utopiste, et je n'ai pas, dans mes nouvelles fonctions à m'occuper de politique. Mais je fais un rêve : que soient réellement traitées, dans les débats présents et futurs, la question climatique et la question énergétique. Et que nous n'oubliions pas que l'enjeu n'est pas, comme on le dit parfois, la survie de la planète, mais la survie de l'humanité.

Claude Lévi-Strauss a écrit en substance dans *Tristes Tropiques* que «le monde a commencé sans l'homme et pourrait bien se poursuivre sans lui». C'est ce qui est en jeu avec les dérèglements climatiques : la survie d'une partie importante de l'humanité.

En 1966, les Nations unies ont adopté deux pactes, l'un sur les droits civils et politiques, l'autre sur les droits économiques, sociaux et culturels. Ils ne sont pas parfaits, mais ils ont permis de donner une assise juridique à différentes actions dans ces domaines. Il serait très utile qu'un pacte mondial soit élaboré dans le domaine de l'environnement, et en particulier concernant le climat, qui définirait – à partir de l'existant – sur quelles bases juridiques s'appuyer pour déployer des énergies propres et, *in fine*, un environnement viable.

Appliquons ces orientations pour la France. Il y conviendrait tout d'abord de ne pas «déverdir» notre Constitution, en préservant les bases environnementales posées par le président Jacques Chirac. Le Conseil constitutionnel, dans sa sagesse, vérifie la conformité des lois non seulement aux fondements de la Ve République, à la Déclaration des droits de 1789, au préambule de la Constitution de 1946, mais aussi à la Charte de l'environnement. Ainsi, à chaque fois que nous devons nous prononcer, nous devons nous assurer qu'une loi est conforme à cette charte.

Tous ces efforts pourraient paraître hypothéqués par le changement de présidence aux États-Unis. Je pense que ce qui se joue n'est probablement pas d'abord d'ordre juridique. Dans l'accord de Paris, l'article 28 prévoit que trois ans, plus un délai d'un an, soit quatre années au total, sont nécessaires pour s'extraire de son champ d'application. Mais, comme l'accord de Paris fait référence à la Convention des Nations unies, un pays pourrait juridiquement en sortir en un an, en dénonçant cette dernière. Ce qui revient à dire que chacun des 195 pays présents à la COP21 pourrait envisager, juridiquement, une sortie expresse.

> **Si les États-Unis d'Amérique décidaient par malheur d'abandonner les dispositions et/ou l'inspiration de l'accord de Paris, cela causerait des dégâts considérables.**

Mais, selon moi, le problème est surtout d'ordre pratique et politique, plus que juridique : si les États-Unis d'Amérique, qui sont le deuxième pollueur au monde – et qui possèdent une puissance technologique, économique et financière sans égale –, décidaient par malheur d'abandonner les dispositions et/ou l'inspiration de l'accord de Paris, cela causerait des dégâts considérables, même sans sortie formelle. Pour prendre un exemple concret, les États-Unis financent les organisations internationales qui affrontent la question climatique à hauteur de 30 %. Et ils contribuent pour 3 milliards aux 10 milliards du Fonds vert pour le climat.

Les propos de M. Trump au cours de la campagne présidentielle ont été extrêmement négatifs, puisqu'il a déclaré que le réchauffement climatique était un « canular », une invention des Chinois à l'encontre des Américains, et qu'il s'est notamment proposé, à la différence de son prédécesseur, d'autoriser l'oléoduc

Keystone XL entre le Canada et les États-Unis et de relancer l'utilisation du charbon. Sans même évoquer l'orientation des responsables – en général climato-sceptiques – qu'il a pressentis pour suivre ces sujets. Cela constitue une alerte rouge.

Il se trouve que, dans une interview au *New York Times* du 22 novembre 2016, il a semblé montrer une certaine évolution de sa réflexion. En réponse à une question sur le lien entre le changement climatique et l'activité humaine, le président élu des États-Unis a déclaré : «Il y a quelque chose, mais tout dépend dans quelle mesure. Je regarde cela de très près, je suis très ouvert.» Et il conclut : «L'air pur est d'une importance vitale.» Pragmatisme ? Cynisme ? Confusionnisme ?

En tout cas, je sais quel est l'intérêt profond du monde et mon souhait.

Chapitre 2

La triple révolution des systèmes énergétiques

Gérard Mestrallet

Le monde de l'énergie connaît depuis quelques années une série de bouleversements majeurs qui en changent profondément la physionomie.

Certains facteurs inquiètent, d'autres enthousiasment et stimulent les acteurs de l'énergie. Tous nous disent que le jeu est durablement transformé et que nous ne reviendrons pas en arrière. Les marchés de l'énergie sont en crise : le prix des commodités s'est effondré, et demeure très volatil. Dans le même temps, les règles des marchés ne s'adaptent pas aux nouveaux paramètres et démontrent l'inadéquation du *market design* actuel. Prenons l'exemple de l'Europe : malgré des surcapacités globales, il demeure un risque de *black-out* local ; une absence de marché de capacités pour s'assurer de la marche cohérente du système ; un marché du carbone (EU ETS) toujours en attente de réforme avec un prix du CO_2 encore très bas.

En parallèle, s'opère une triple révolution (technologique, digitale et sociétale) pour une transition vers un monde moins carboné.

Cette révolution est technologique, d'abord, permise notamment par les progrès rapides du photovoltaïque, du stockage par batteries, de la mobilité verte – électrique et au gaz. Les prix des énergies renouvelables baissent toujours plus, de nouveaux records étant régulièrement battus. S'y ajoute la révolution digitale. Les solutions *smart* ont modifié le rapport à la ville, à la maison ou au véhicule et l'Internet des objets devient un standard de gestion de l'énergie.

> **Le consommateur aspire désormais à une plus grande sobriété énergétique.**

Enfin, une transformation sociétale et culturelle est en cours. Le consommateur aspire désormais à une plus grande sobriété énergétique et souhaite disposer de solutions bas carbone sur mesure pour gérer sa consommation et parfois produire son énergie verte.

> **La ratification de l'accord de Paris par la Chine et les États-Unis a marqué une grande avancée dans la mobilisation collective.**

Les conférences climat ont accentué cette prise de conscience individuelle, et accroissent la pression sur les États et les acteurs énergétiques. La signature par 195 pays de l'accord de Paris et son entrée en vigueur début novembre constituent une avancée historique, et la COP22 de Marrakech a confirmé l'entrée dans le temps de l'action pour limiter le réchauffement à 2 °C. La ratification par la Chine et les États-Unis en septembre dernier – deux pays représentant 50% des émissions de CO_2 de la planète – a marqué une grande avancée dans la mobilisation collective. À côté de cette mobilisation, signe encourageant, les émissions de CO_2

liées à l'énergie stagnent pour la deuxième année consécutive en 2015, malgré une croissance économique globale de 3 % (AIE).

À travers toutes ces tensions, que nous avons brossées à grands traits, la gestation d'un nouveau monde de l'énergie est perceptible. Il revient aux entreprises de prendre toute leur responsabilité dans cette évolution, notamment dans la mise en œuvre d'un modèle de croissance bas carbone. Il s'agit d'ailleurs de leur intérêt bien compris : nous sommes passés d'un monde où le changement climatique était vu comme une contrainte à un monde où il devient une source d'opportunités.

Lors de la COP21, nous avons ainsi assisté à une mobilisation large et structurée des entreprises dans le cadre du *Business Dialogue* que Laurent Fabius m'avait demandé d'animer. Et c'est dans ce cadre que nous avons pu proposer et introduire dans l'accord de Paris le principe d'un signal-prix carbone. Donner un prix aux émissions de CO_2 rend plus attractives les technologies qui en émettent peu et fait peser la balance du côté des énergies renouvelables, de l'efficacité énergétique et de la recherche de développements « verts ». Ces signaux jouent donc le rôle d'accélérateur de la transition énergétique car ils encouragent et récompensent les investissements dans les technologies bas carbone nécessaires à un changement de modèle.

Au niveau européen, cela doit s'accompagner d'une réforme plus ambitieuse du marché EU ETS, et plus largement du *market design*, dans un contexte où le charbon à bas coût semble plus compétitif que les alternatives bas carbone. Les acteurs financiers et les investisseurs se mobilisent également de manière croissante, pour étudier les moyens d'accélérer l'orientation des capitaux et des flux d'investissement vers le financement d'une économie bas carbone.

De premiers engagements de sortie du charbon ont été pris à l'occasion du 1er Climate Finance Day organisé en 2015 par les acteurs financiers en amont de la COP21. De même les investisseurs – notamment les sociétés d'assurance, sociétés de gestion, etc. – s'engagent progressivement dans la réduction de leur risque carbone, c'est-à-dire pour «dé-risquer» leurs portefeuilles d'investissements. La valorisation de la finance verte faisait d'ailleurs partie des thèmes principaux de la COP22, et c'est aujourd'hui l'un des leviers essentiels du «verdissement» des économies.

Faire la transition, sans opposer les énergies

Patrick Pouyanné

Le thème des nouvelles guerres de l'énergie résonne fortement pour Total. Pour aborder ce thème et comprendre ce qui se joue, il est nécessaire – et éclairant – de rappeler en premier lieu la géographie des réserves pétrolières et gazières.

Cinquante pour cent des réserves pétrolières sont situées dans seulement quatre pays : le Venezuela, l'Arabie Saoudite, le Canada, et l'Iran. Pour aboutir à 80 %, il suffit d'intégrer à cette liste cinq autres pays : l'Irak, la Russie, le Koweït, les Émirats arabes unis, et les États-Unis. D'où un premier rappel : les réserves pétrolières sont extrêmement concentrées, et dans des pays qui ne sont pas mineurs. Le constat est de même nature concernant le gaz : l'Iran, la Russie, le Qatar et le Turkménistan concentrent plus de 50 % des réserves et l'ensemble des huit premiers en représentent près de 80 %.

> " Les réserves pétrolières sont extrêmement concentrées, et dans des pays qui ne sont pas mineurs.

Cette extrême concentration des réserves pétrolières et gazières fait émerger quatre blocs autour desquels s'organise la géopolitique – et cela bien au-delà du seul champ énergétique :

- le Moyen-Orient qui exerce principalement son influence *via* l'OPEP ;

- la Russie, qui par ailleurs possède les plus grandes réserves de charbon et pour laquelle l'énergie est fondamentale dans le cadre de sa politique diplomatique, ce dont use – et abuse – d'ailleurs Vladimir Poutine ;

- les États-Unis, qui étaient essentiellement un pays consommateur, mais qui, à cause ou grâce à la révolution du gaz et du pétrole de schiste, gagnent en autonomie et deviennent même une grande nation exportatrice d'énergie ;

- et, enfin, la Chine qui est aujourd'hui – et demain avec l'Inde – le plus grand consommateur d'énergie et pèse sur les prix. Le cours du baril a été tiré pendant dix ans par l'incroyable révolution industrielle chinoise et si, depuis 2014, il est au plus bas, cela a aussi à voir avec l'essoufflement de la croissance dans cette zone.

> 66 Pour la première fois dans l'histoire du pétrole, un véritable dialogue est ouvert entre la Russie et l'OPEP.

Compte tenu des forces en présence, est-il possible de réguler le prix du pétrole ? Dans ce cadre, une question fréquemment entendue ces derniers temps est la suivante : l'OPEP est-elle morte ? Et le monde se trouve suspendu à l'issue de la réunion de l'OPEP du 30 novembre 2016. Une dynamique tout à fait intéressante semble à l'œuvre puisque, pour la première fois dans l'histoire pétrolière, un véritable dialogue est ouvert entre la Russie et l'OPEP. Ce nouveau dialogue résulte de l'épuisement des pays exportateurs au terme de plus de deux années de prix bas. Le niveau de 40 dollars de fin août 2016 a ravivé l'activité diplomatique, d'où un préaccord à Alger en septembre et, sans doute, un accord à Vienne fin novembre.

L'autre dynamique, tout aussi intéressante à observer, au sein de l'OPEP, est la partition entre un bloc sunnite (Arabie Saoudite – Émirats – Koweït – Qatar) et un bloc chiite (Iran – Irak) soutenu par la Russie. Nous retrouvons dans le champ pétrolier les lignes de fracture traditionnelles du Moyen-Orient qui font que cette région du monde – qui concentre les réserves les plus considérables – présente une réelle instabilité et que ses conflits s'exportent jusqu'à nous *via* le terrorisme. La place nouvelle prise par la Russie dans ce «Grand Jeu» constitue un élément nouveau à observer.

Bien sûr, les États-Unis conservent un rôle majeur, mais qui doit être apprécié en «binôme» avec celui de la Chine. Si M. le président Laurent Fabius a pu mener à bien la mission qui était la sienne, aboutissant à l'accord de Paris, c'est à partir de la détermination conjointe des présidents Barack Obama et Xi Jinping, en amont de la COP21.

> " Les États-Unis conservent un rôle majeur, mais qui doit être apprécié en «binôme» avec celui de la Chine.

Mais si le président Barack Obama – outre ses convictions plus écologiques sans doute que celles du parti républicain – a pu engager les États-Unis, c'est d'abord parce que son pays connaît une profonde révolution énergétique liée à la découverte du gaz de schiste qui a considérablement modifié leur mix énergétique au cours des cinq dernières années, avec le remplacement partiel du charbon par le gaz naturel dans la production électrique. Le président Donald Trump pourra autoriser l'ouverture de toutes les mines sur son territoire, la réalité du marché aux États-Unis est que le gaz restera moins cher que le charbon. Les acteurs économiques ne prennent pas simplement leurs décisions sur la base de déclarations politiques et ils réfléchiront longuement avant de réinvestir dans le domaine charbonnier. J'ai la conviction que les fondamentaux qui ont permis à Barack Obama d'engager son pays dans la dynamique de l'accord de Paris tiennent essentiellement à la trajectoire d'évolution vers le gaz naturel aux États-Unis, phénomène structurel qui se prolongera très au-delà de 2016.

> **" L'engagement de la Chine tient à la pollution endémique qui la frappe.**

Quant à la Chine, son engagement tient à la pollution endémique qui la frappe, question vitale au sens premier du terme. L'extraordinaire boom industriel chinois a été opéré – comme en Europe jusqu'aux années 1970 avec la révolution suivant la Seconde Guerre mondiale – sans contrôle des impacts écologiques. Le « roi charbon » a régné sans restriction et l'air est devenu quasi irrespirable. Au-delà des problématiques écologiques et de santé publique, la paix sociale est en jeu dans ce pays. Cet impératif local a déterminé les dirigeants à promouvoir l'accord de Paris, car il y va de la stabilité de l'ensemble chinois.

Il convient de souligner à quel point cet accord est singulier, au moment où le multilatéralisme postchute du Mur se délite, avec les divers blocs qui se replient sur eux-mêmes et les affrontements entre puissances.

Pour orienter la transition énergétique, l'accord de Paris est fondamental : parce que l'énergie est le nœud de la question climatique, mais aussi parce que l'énergie est au cœur du développement économique et social. Le monde a besoin d'une énergie propre, fiable, accessible et bon marché, chacun de ces qualificatifs ayant son importance, le dernier bon marché – ou *affordable* en anglais – tout particulièrement, pour assurer la croissance des pays émergents ou en voie de développement.

Et, pour progresser dans la transition, il importera de ne pas opposer les énergies. Pour s'en convaincre, il suffit de se pencher sur le scénario + 2 °C de l'Agence internationale de l'énergie (qui constitue la référence) : les fossiles représenteraient près de 60 % du mix mondial en 2040, soit 22 % de pétrole (contre 30 % aujourd'hui), 22 % de gaz (autant qu'aujourd'hui), et 13 % pour le charbon (contre 28 %), la décroissance de l'usage du charbon étant impérative. Cela revient à dire que, si les énergies renouvelables croissent de 10 à 30 % à cet horizon, les fossiles constitueront encore des filières essentielles au milieu de notre siècle, y compris avec la mise en œuvre de l'accord de Paris.

Cette observation est conforme aux évolutions historiques dans le monde de l'énergie qui excluent toute forme de manichéisme. Les évolutions technologiques ont conduit aux entrées en scène successives du charbon, puis du pétrole, puis du gaz. Le mix énergétique du milieu du siècle, en ligne avec l'objectif de + 2 °C, combinera lui des renouvelables, du gaz – pour gérer l'intermittence – ainsi que du stockage de l'énergie.

Il est donc faux de considérer que, dans ce cheminement, il n'y aurait plus de place pour les hydrocarbures. Il ne s'agit pas ici de l'observation d'un patron d'entreprise pétrolière, mais du rappel d'une évidence : les hydrocarbures, dans des proportions certes plus restreintes qu'aujourd'hui, seront nécessaires au développement des pays émergents. La stratégie de Total est orientée selon ces grandes évolutions : d'une part en concentrant le pétrole sur des actifs à coûts bas – parce qu'il y aura besoin de moins de pétrole –, ensuite en étant plus agressifs sur le gaz – hydrocarbure au centre de la transition – et enfin, en développant les renouvelables et le stockage.

> **❝ Il est faux de considérer que, dans ce cheminement, il n'y aurait plus de place pour les hydrocarbures.**

Que peut faire Total dans ces guerres de l'énergie ? D'abord, Total a une nationalité. Dans le monde de l'énergie, nous sommes la major française. Je le réaffirme nettement et il serait absurde pour moi de déménager le siège de Total hors de France. Total a une nationalité parce que nous travaillons avec des pays souverains.

Ensuite, Total fait face à des risques géopolitiques : lorsque je prends la décision de signer un accord avec l'Iran, la veille de l'élection de M. Trump, je le fais en exposant certes potentiellement 1 milliard de dollars du groupe, mais en estimant que, sur les 150 milliards d'actifs que nous gérons, une telle exposition peut être assumée. Surtout, en étant le premier à le faire, j'ouvre à l'entreprise un immense marché en étant convaincu que nos partenaires iraniens nous en seront longtemps reconnaissants. Donc le risque géopolitique existe, mais nous pouvons le prendre en charge grâce à la taille de l'entreprise que nous avons su construire.

Enfin, Total veut être un acteur responsable. Les acteurs pétroliers et gaziers, comme nous, ont les moyens de prendre en compte le sujet climatique. Nous sommes des experts de l'énergie, nous avons des moyens financiers, et nous avons donc une stratégie qui vise, à partir des milliards que nous tirons des hydrocarbures, à positionner le groupe sur cette *roadmap* + 2 °C, pour être un acteur de l'énergie de demain.

Partie 2

Le panorama
des nouvelles tensions

Chapitre 4

La croissance mondiale face aux désordres énergétiques

Jean-Hervé Lorenzi

J'ai écrit, il y a trois ans, un livre au titre assez provocateur : *Un monde de violences*. Je pensais alors qu'un certain nombre de facteurs structurels, notamment le vieillissement, la transition numérique, l'explosion des inégalités, modifierait profondément la trajectoire de l'économie mondiale, et entraînerait des tensions, tensions qui se révèlent de fait, aujourd'hui, assez présentes. Mais j'ai aujourd'hui un regret : celui de n'avoir pas pris en compte, alors, les chocs liés au chaos des prix énergétiques, ainsi que, par ailleurs, la portée de la lutte contre le changement climatique.

Cette omission est problématique, car le secteur énergétique, dans sa globalité, est dominé par des incertitudes multiples et combinées.

À commencer par celles qui pèsent sur la demande d'énergie. Les scénarios de l'Agence internationale de l'énergie illustrent cette incertitude, à la fois parce qu'ils décrivent des futurs possibles radicalement différents (de + 2 à + 6 °C, schématiquement), mais également parce que ces prévisions à long terme évoluent sensiblement d'une année sur l'autre. Ainsi, dans l'édition de 2014, il était prévu une croissance de la demande d'énergie primaire de 37 % à l'horizon 2040, croissance ramenée à 33 % en 2015, puis à 30 % en 2016. Ce faisant, l'AIE prend naturellement en compte le potentiel de progrès en termes d'efficacité énergétique ; mais, plus fondamentalement, il importe de se convaincre qu'il n'est pas possible d'anticiper avec précision une variable essentielle pour la détermination de la demande d'énergie, à savoir la trajectoire de l'économie mondiale à cet horizon.

> **Il y a moins de cinq ans, la perspective était encore celle d'un pic pétrolier proche et menaçant.**

La deuxième incertitude cruciale porte sur les prix. Il y a moins de cinq ans, la perspective était encore celle d'un pic pétrolier proche et menaçant. Certains économistes réfléchissaient même aux menaces d'un prix du pétrole à 300 dollars le baril. Mais nous avons observé le mouvement inverse, avec un baril qui a touché un point dix fois plus faible ! Et cette incertitude ne porte pas que sur les énergies fossiles. L'effondrement du coût de production électrique solaire n'a généralement pas été anticipé. Nous sommes dans un univers qui n'offre – autant en convenir lucidement – aucune visibilité sur les prix.

Cette double incertitude – sur les quantités et les prix de l'énergie – favorise une forme de cercle vicieux sur la croissance elle-même : comment imaginer des investissements conséquents sans visibilité sur l'énergie ? En termes macroéconomiques, cette configuration porte de grandes menaces : il n'est pas certain que les aspects positifs pour nos pays d'une baisse du prix du pétrole compensent les aspects négatifs pour tous les pays producteurs. Ma perception est la suivante : cette configuration énergétique constitue un facteur de tensions – tensions internes aux sociétés et entre les sociétés – et il manque, à l'évidence, un « endroit » au sein duquel cette double incertitude puisse être discutée. L'Agence internationale de l'énergie pourrait être un tel lieu, à condition d'élargir significativement son périmètre, pour l'heure structuré autour des pays de l'OCDE.

La croissance mondiale a « perdu » 2 points, passant de 5 à 3 %, phénomène témoignant de l'absence d'instruments de coordination globaux. Par exemple, les derniers accords de coordination monétaires, ceux dits « du Plaza », datent de plus de vingt-cinq ans. Il est impératif de retrouver aujourd'hui, pour revenir à une croissance plus dynamique, des mécanismes de coordination dans tous les domaines qui le nécessitent au niveau mondial, au risque – en l'absence de tels mécanismes – de nous soumettre à des incertitudes énergétiques aiguës. L'économie mondiale ne retrouvera pas un sentier de croissance plus satisfaisant sans relever le défi de la coordination et de la régulation, et l'énergie n'échappe pas à cet impératif.

> " L'économie mondiale ne retrouvera pas un sentier de croissance plus satisfaisant sans relever le défi de la coordination et de la régulation, et l'énergie n'échappe pas à cet impératif.

Chapitre 5

La compétitivité écologique comme nouveau facteur géopolitique

Hubert Védrine

La mobilisation orchestrée par Laurent Fabius lors de la COP21 – et la manière dont elle s'est déroulée – est remarquable. Si elle est transposable à d'autres sujets d'ordre environnemental, tels que la biodiversité ou la préservation des fonds sous-marins, elle n'est néanmoins pas exactement adaptable à l'ensemble des activités de la diplomatie classique. Mais elle ne constitue pas moins un encouragement en prouvant qu'une forme de coalition mondiale peut être organisée, permettant de travailler et d'avancer.

C'est pourquoi je suis assez serein quant aux menaces de M. Trump, ne croyant pas qu'il ait la capacité de casser l'accord de Paris. Personne ne peut savoir s'il mettra ses menaces à exécution, mais, soutenu par un parti républicain très borné sur ces questions, il est certes à craindre qu'il souhaite persévérer dans ses ambitions initiales. Il n'empêche que, localement, il se heurtera à des États – comme la Californie –, à des villes, des ONG, des personnalités,

> **❝ Je suis assez serein quant aux menaces de M. Trump, ne croyant pas qu'il ait la capacité de casser l'accord de Paris.**

des financiers, des entreprises qui dénonceront une politique absurde. Sans parler, de surcroît, des réalités économiques, comme le prix du gaz appelé à rester en deçà de celui du charbon.

Donc, je reste convaincu qu'il importe de ne pas se laisser impressionner par de telles menaces et de réagir sans agressivité, tout en dénonçant des décisions qui – si elles devaient être mises en œuvre – seraient absurdes, mais ne concerneraient en réalité que les États-Unis et n'empêcheraient pas le mouvement de continuer.

Force est de constater que le préambule de la Charte des Nations unies, certes magnifique, a pourtant échoué à créer une communauté internationale, et que la mondialisation n'a pas été heureuse pour tout le monde, comme en témoigne l'insurrection électorale des peuples et des classes moyennes dans les pays développés.

> **❝ Il n'est pas question de « sauver la planète », qui peut parfaitement vivre sans nous, mais bien nous-mêmes.**

Pourtant, aujourd'hui je crois que le véritable lien, de nature à souder cette communauté internationale, peut se trouver dans la prise de conscience collective des enjeux écologiques. Une prise de conscience de notre survie sur cette planète, car il n'est pas question de « sauver la planète », qui peut parfaitement vivre sans nous, mais bien nous-mêmes.

Il est quelque chose de novateur, de très puissant, auquel un président des États-Unis, quel qu'il soit à l'avenir, ne devrait pas pouvoir réussir à s'opposer. Rappelons, et c'est assez significatif, qu'il a tout récemment été rappelé à l'ordre par les Chinois, qui pourtant soutenaient il n'y a pas si longtemps encore que le réchauffement climatique était une «invention occidentale» destinée à les empêcher de se développer. En quelques conférences internationales, de Copenhague jusqu'à Paris, ces derniers ont radicalement modifié leur point de vue, car ils ne veulent pas rester en dehors de la «compétitivité écologique».

J'emploie ce terme de «compétitivité écologique» à dessein, car je suis convaincu de la fusion à venir entre l'écologisation et l'ensemble des forces économiques et financières. C'est aussi la raison pour laquelle je prends avec un certain calme les événements récents : si M. Trump ne voulait pas appliquer l'accord de Paris, la dynamique du reste du monde devrait être assez puissante pour que – tout en déplorant un tel pas de côté américain – le mouvement initié se poursuive.

Chapitre 6

Arabie Saoudite : vision 2030, un pari sur l'avenir

Véra de Ladoucette

Nos yeux sont tournés vers l'offensive contre Daesh en Irak et en Syrie ; nous nous inquiétons des conséquences de l'élection américaine sur la normalisation en cours avec l'Iran depuis l'accord sur le nucléaire de juillet 2015, mais nous ne prêtons pas, peut-être, assez d'attention à ce qui se passe en Arabie Saoudite.

Depuis l'accession au trône du roi Salman en janvier 2014, les événements se sont accélérés, tant sur le plan politique que sur le plan économique, y compris énergétique.

L'ordre de succession au trône a été bouleversé, avec la mise à l'écart du successeur choisi par le roi Abdallah, le prince Muqrin, et la mise en orbite du jeune fils du roi, Mohammed bin Salman, désormais prince héritier adjoint, ministre de la Défense, président du Conseil de développement économique (et *de facto* en charge de la politique pétrolière).

Contrairement au rythme prudent des décisions, habituel au royaume, les choses sont allées très vite. Moins d'un an plus tard, Mohammed bin Salman a proposé une véritable remise en cause du modèle économique saoudien.

❝ Pour les dirigeants saoudiens, la priorité est de préparer « l'après-pétrole ».

L'analyse est claire : les interrogations sur l'évolution de la demande mondiale, l'augmentation de la consommation domestique et l'incertitude sur les cours rendent problématique le maintien des revenus pétroliers à un niveau suffisant pour garantir le mode de vie actuel d'une population en forte croissance. Pour les dirigeants saoudiens, la priorité est de préparer « l'après-pétrole », de « mettre fin à l'addiction au pétrole » pour reprendre les termes de Mohammed bin Salman.

Le but est de préparer le royaume à survivre indépendamment de l'évolution de la demande ou des cours du pétrole, tout en créant 4 millions de nouveaux emplois pour les Saoudiens d'ici à 2030.

On ne peut que partager la stratégie établie dans le document appelé « Vision 2030 », dévoilé en janvier dernier par Mohammed bin Salman, surnommé « MbS » : la modernisation du royaume et le recentrage de l'État sur ses responsabilités régaliennes doivent permettre de passer d'une économie que nous pourrions qualifier de « colbertiste » à une économie fondée sur le marché.

Dans une première étape, la mise en œuvre de cette « Vision 2030 » passe par l'application du Programme national de transformation 2020. Le but est de créer 450 000 emplois d'ici à 2020 et de multiplier par trois les revenus du secteur non pétrolier, qui devraient atteindre 100 milliards d'ici à 2020. Ce document de 57 pages, publié en mai 2016, identifie des « objectifs stratégiques », ministère par ministère, définit 543 initiatives à lancer, et fixe des indicateurs qui devraient permettre de mesurer la mise en œuvre du programme.

Les moyens font appel très largement au secteur privé, avec la diversification des activités hors du pétrole et en faveur de certains secteurs prioritaires (tourisme, pétrochimie, banque et services financiers, construction, produits manufacturés, mines…), le développement de l'économie numérique, et la privatisation, totale ou partielle, de nombreux domaines, y compris la santé, l'éducation, l'aviation ou l'énergie.

Dans le domaine de l'énergie, la privatisation totale du secteur de l'électricité est l'objectif stratégique n° 10 du ministère de l'Énergie. Par ailleurs, Mohammed bin Salman a annoncé la privatisation de 5 % de Saudi Aramco dans une interview à *The Economist* en janvier 2016. Les termes utilisés alors par MbS ont donné lieu à des spéculations sur la forme que prendrait cette « privatisation », certains experts pensant que cette privatisation partielle serait limitée au raffinage et que le royaume voudrait garder la mainmise totale sur l'exploration-production pour des questions de souveraineté. En fait, il s'agit bien d'une mise sur le marché de 5 % de l'ensemble de la compagnie. L'introduction en Bourse de Saudi Aramco, planifiée pour 2018, devrait permettre d'alimenter ce qui sera le premier fonds souverain du monde, le Public Investment Fund, dont le capital devrait passer de 156 milliards de dollars à 2 milliards de milliards de dollars en 2030. Ce fonds devrait servir de catalyseur pour le développement d'investissements domestiques hors du secteur pétrolier, mais aussi générer des revenus pour alimenter le budget de l'État.

> « La privatisation totale du secteur de l'électricité est l'objectif stratégique n° 10 du ministère de l'Énergie.

Pour mener à bien ces réformes, Mohammed bin Salman a commencé par renouveler le personnel politique et placer ses hommes. En mai, Ali Naimi a laissé la place à Khaled al-Falih à la tête de ce qui est désormais le ministère de l'Énergie, de l'Industrie et des Ressources minérales. Le mois dernier, c'est le titulaire du ministère des Finances qui a changé : Ibrahim al-Assaf, en poste depuis 1996, a été remplacé par le président de l'équivalent de l'AMF depuis 2015, Mohammed al-Jad'han, un avocat d'affaires proche de MbS.

> **“ Les Saoudiens […] ne pouvaient que souscrire à l'objectif de modernisation du royaume.**

La réaction initiale de la population a été largement positive. La population est jeune : 18,5 % des Saoudiens ont entre 15 et 24 ans, l'âge médian est 28 ans et 6 mois. Les Saoudiens ont donc été sensibles au fait de voir quelqu'un de jeune et de dynamique, auquel ils pouvaient s'identifier, sinon remplacer, du moins marginaliser la gérontocratie qui gouvernait le pays, et ne pouvaient que souscrire à l'objectif de modernisation du royaume. Parallèlement, une politique étrangère plus affirmée, plus indépendante, avec l'offensive contre les Houthis au Yémen décidée par Mohammed bin Salman, a suscité, au départ, une large adhésion.

Les obstacles se sont cependant multipliés et la lune de miel est terminée.

Je ne reviendrai pas sur l'enlisement au Yémen, coûteux sur le plan financier et désastreux pour l'image du pays, ce qui a d'ailleurs conduit MbS à présenter désormais cette offensive comme une décision collective et non plus comme son initiative.

Alors que l'Arabie Saoudite aurait besoin d'un cours du Brent à 82 dollars pour équilibrer son budget en 2016, le Brent a avoisiné 45 dollars durant cette année. La baisse des cours du pétrole a donc conduit le royaume à puiser dans ses réserves, qui sont passées de 732 milliards de dollars au 1er janvier 2015 à 555 milliards fin septembre 2016, et à emprunter sur le marché, asséchant par là même les sources de financement pour le secteur privé, sur lequel repose une large part du Programme national de transformation. Les autorités ont d'ailleurs compris le danger et décidé de se tourner vers le marché international, en lançant, avec un grand succès, une émission d'obligations de 17,5 milliards de dollars le 19 octobre 2016.

La chute des revenus pétroliers a entraîné un gel du règlement par l'État de nombreuses factures, pénalisant un peu plus le secteur privé. Cela a incité également le gouvernement à prendre des mesures d'austérité sans précédent en septembre 2016 : gel des traitements des fonctionnaires, diminution des bonus, réduction de 15 à 20% des rémunérations et des indemnités de résidence des ministres et des membres du Conseil consultatif. Cette décision s'inscrit dans la lignée de la forte réduction des subventions dans le domaine de l'eau, de l'électricité et des produits pétroliers de décembre 2016, et pèse sur la consommation, mais son impact est plus profond que de simples mesures d'austérité.

Au-delà des difficultés conjoncturelles, le programme de transformation radicale de l'Arabie Saoudite risque de mettre en cause deux des piliers sur lesquels repose le royaume, l'alliance avec l'establishment religieux et le contrat social qui lie les dirigeants et la population, alors que le troisième pilier, l'alliance avec les États-Unis, était déjà fragilisé, notamment par l'arbitrage américain en faveur d'une normalisation des relations avec l'Iran à l'occasion de l'accord sur le nucléaire de juillet 2015.

En effet, la politique prônée par Mohammed bin Salman va contre la stricte séparation entre les sexes défendue par la police religieuse, que ce soit dans le domaine du travail ou dans le secteur culturel. Le Programme national de transformation prévoit de faciliter l'accès du monde du travail aux femmes, plus précisément *« to empower women »* (objectif n° 8 du ministère du Travail). Par ailleurs, dans ce pays où il n'y a ni théâtres ni cinémas, le Programme national de transformation met l'accent sur le divertissement, avec le développement d'une industrie des loisirs et l'ouverture d'un complexe culturel, le Royal Arts Complex, qui comprendra non seulement un musée mais aussi un théâtre et accueillera les spectateurs des deux sexes.

Par ailleurs, le « contrat social implicite » qui régit l'Arabie Saoudite repose sur la gestion du pays par la famille royale qui, en contrepartie, assure le bien-être de chacun, avec une très large couverture des besoins matériels. L'État est le principal employeur ; il n'y a pas d'impôts ; éducation et santé sont gratuites ; et la population est habituée à considérer comme normal que les besoins vitaux comme l'eau, l'électricité ou l'essence soient largement subventionnés.

La gestion des réformes s'avère délicate, et les dirigeants doivent prendre en compte les réactions de la population.

La multiplication par quatre des tarifs de l'eau a suscité un tollé, ce qui a conduit au remplacement brutal du ministre de l'Eau, qui aurait «mal appliqué» la réforme. La vérité des prix met en effet à mal l'État providence, menaçant ainsi un des fondements du régime. Le non-règlement des factures au secteur privé a conduit au licenciement massif d'ouvriers dans le secteur des travaux publics, amenant le gouvernement à débloquer en urgence 27 milliards de dollars en octobre 2016. La perte de confiance de certains acteurs a par ailleurs entraîné un mouvement de fuite des capitaux, compromettant par là même le calendrier de développement du secteur privé.

C'est dans ce contexte, ainsi que dans la perspective d'une introduction en Bourse de Saudi Aramco, qu'il faut considérer l'inflexion de la stratégie de Riyad au sein de l'OPEP, et le fait que le royaume accepte de discuter d'une réduction de production, sous certaines conditions, lors de la réunion de l'OPEP du 30 novembre 2016. La défense des parts de marché n'est cependant pas formellement abandonnée, Khaled al-Falih ayant précisé en octobre 2016 qu'il s'agissait d'une initiative ponctuelle et temporaire et d'un effort collectif : la participation saoudienne était conditionnée à celle d'autres membres de l'OPEP.

En dépit des contretemps, cette tentative de transformation radicale du royaume n'est pas remise en cause dans son principe, même si le rythme semble se ralentir[1].

---

1. Le 22 avril 2017, sous l'impulsion de MbS, les autorités saoudiennes sont revenues sur les mesures d'austérité imposées six mois auparavant : traitements, bonus et indemnités diverses ont retrouvé le niveau d'avant septembre 2016. La nécessité d'apaiser l'opinion publique pourrait cependant s'avérer en contradiction avec la cohérence interne de la stratégie de réformes de Vision 2030.

> **"** Il est de l'intérêt de tous que cette transformation réussisse, que la modernisation du pays ait lieu, sans déstabiliser le régime.

Il est de l'intérêt de tous que cette transformation réussisse, que la modernisation du pays ait lieu, sans déstabiliser le régime. Notons, cependant, que l'unanimité ne règne pas au sein de la famille royale et que les pouvoirs de MbS ne dépendent que de la protection de son père, le roi Salman, dont la santé serait fragile. Le prince héritier, Mohammed bin Nayef, qui s'était éloigné pendant quelques mois, est récemment retourné à Riyad. Il n'a visiblement pas abandonné ses prétentions au trône, le moment venu.

Chapitre 7

L'énergie comme facteur de puissance

Jean-François Parlanti

Le thème des guerres de l'énergie représente pour nous un sujet de prédilection au cœur de nos réflexions, parce qu'il est naturellement en ligne avec ce qui nous apparaît comme une exigence, compte tenu des missions de nos armées : identifier, analyser et comprendre les facteurs potentiels de crise. Plus précisément, il s'agit pour nous de caractériser l'environnement stratégique et opérationnel, processus dans lequel l'anticipation des guerres énergétiques s'inscrit totalement.

«Il ne suffit pas de gagner la guerre, il faut aussi gagner la paix», dit souvent le général de Villiers, chef d'état-major des armées. En effet, il s'agit plus que jamais de faire face à l'interdépendance croissante des facteurs déterminant la puissance : facteurs d'ordre diplomatique, militaire, informationnel, économique, judiciaire, écologique, technologique, industriel, culturel, et parmi lesquels on retrouve le facteur énergétique.

> ❝ Il ne suffit pas de gagner la guerre, il faut aussi gagner la paix. » (général de Villiers)

L'énergie est facteur de puissance, non seulement pour les États pour pourvoir aux besoins de leur population, mais également pour des proto-États ou des organisations comme Daesh. Les énergies font, ou ont fait, partie de l'équation de puissance de l'État islamique pour agir comme il l'a fait, et comme il le fait encore.

Les énergies, facteur de puissance et de développement, sont aussi facteur de stabilité, car il ne saurait y avoir de stabilité sans développement. Ce lien est d'autant plus important qu'il détermine, *in fine*, la sécurité. Nous le vivons dans notre quotidien : la stabilité là-bas, ailleurs, contribue aussi à la sécurité ici, sur le territoire national.

Les énergies ont donc toute leur place dans l'équation de la puissance globale. Et il convient d'analyser leurs évolutions non pas simplement à l'intérieur du seul pilier de «puissance énergétique», car les effets sont aussi d'ordre technologique, industriel ou économique, mais aussi d'anticiper toutes les conséquences induites sur l'environnement géostratégique et géopolitique.

La chute des cours du pétrole peut être prise en exemple : on en constate l'impact en termes de développement économique et social sur les pays monodépendants de l'or noir. Mais cette déstabilisation n'est naturellement pas circonscrite dans les frontières des pays exportateurs, et peut affecter également la stabilité régionale et, potentiellement par contrecoups, l'équilibre et la solidité des partenariats stratégiques.

L'autre facteur qui caractérise aujourd'hui l'environnement opérationnel et l'environnement stratégique procède du fait que les populations sont désormais devenues l'enjeu principal des crises et des conflits, avec, grâce à la mondialisation et à l'expansion de l'information, l'exacerbation des aspirations des peuples. Au niveau énergétique, ces aspirations se traduisent par diverses nécessités d'accès : accès à l'électricité, au confort, à la mobilité, accès à l'air pur… Les populations, y compris les plus lointaines, ont une égale volonté de développement et de développement durable. Selon la capacité des États à répondre à ces besoins, nous observerons des conséquences en termes de stabilité régionale et, donc aussi, de flux migratoires potentiels qu'il nous faut prendre en compte.

> Les populations, y compris les plus lointaines, ont une égale volonté de développement et de développement durable.

Les crises aujourd'hui sont marquées par leur caractère global et leur déclenchement brutal, en réaction à des facteurs qui ne sont pas que de nature militaire. Les facteurs énergétiques sont parmi ces déclencheurs potentiels et sont au cœur de la conflictualité dominante aujourd'hui. La réponse passe par une stratégie globale intégrant toutes les dimensions : il s'agit d'essayer de façonner globalement l'environnement géostratégique pour écarter le pire, à l'image de ce qui a été mis en œuvre lors de la COP21 dont le but était de façonner l'environnement climatique pour éviter les catastrophes climatiques de demain.

Chapitre 8

Quand l'énergie conduit (aussi) à la paix

Hakki Akil

Nous, diplomates, préférons parler de coopération ou d'accords, que de guerre. Le domaine de l'énergie peut, certes, conduire à des tensions, mais j'observe que se trouve toujours une forme de coopération *via* des accords, locaux ou transfrontaliers qui, en créant une interdépendance entre les différentes parties, débouchent sur une forme de stabilité. C'est pourquoi je suis convaincu, à contre-courant de ce que l'on entend généralement, que l'énergie est un domaine qui concourt à la stabilité aussi bien régionale que globale, plutôt que principalement un facteur de guerre.

Nous avons pu observer ce phénomène, avec le gaz de Yamal, dans les années 1980. Alors même que nous étions en pleine guerre froide, il a fortement contribué à établir un certain équilibre dans les relations européennes avec l'Union soviétique. Par exemple, l'oléoduc de Bakou-Tbilissi-Ceyhan, transportant le pétrole depuis la mer Caspienne jusqu'à la mer Méditerranée, a constitué un facteur de stabilité régionale.

> **❝** Je suis convaincu que l'énergie est un domaine qui concourt à la stabilité aussi bien régionale que globale, plutôt qu'être un facteur de guerre.

Ou bien, encore tout récemment, en novembre 2016, lorsqu'un avion de combat russe a été abattu par la chasse turque, nous avons connu une tension énorme entre la Turquie et la Russie. Mais les deux pays ne pouvaient se permettre de prolonger cette crise, précisément en raison de l'interdépendance économique *via* le domaine de l'énergie entre la Turquie et la Russie.

Il est donc important de ne pas considérer le domaine de l'énergie uniquement comme une source de tensions ou de guerres. L'énergie est cruciale et vitale pour tous les pays, et de ce fait, ils sont très attentifs à la diversification de leurs sources d'approvisionnement. C'est pourquoi trouver des accords, *via* des formes de coopération qui, du fait du parcours des gazoducs ou des oléoducs, intéressent généralement plusieurs pays, constitue toujours leur priorité.

Il est évident que l'énergie peut, au début, créer une forme de tension. Comme celle qui existe actuellement dans l'Est méditerranéen : les problèmes avec Israël, ou le conflit chypriote, freinent l'exploration des ressources gazières disponibles dans cette région, comme c'est le cas de celles situées en Égypte. Mais je suis convaincu qu'à terme, ces ressources gazières seront davantage un facteur de stabilité et de coopération plutôt qu'à l'origine d'un climat de guerre.

Partie 3

Les entreprises en transition : à la recherche de nouveaux modèles énergétiques

Chapitre 9

Tensions financières au sein des *utilities* intégrées

Bertrand Jacquillat

De fortes tensions financières existent au sein des grands énergéticiens, les *utilities* intégrées. Celles-ci ne sont pas nouvelles. Elles sont apparues avec la dérégulation du secteur de l'énergie et l'introduction de davantage de concurrence en son sein. Ces tensions se sont prolongées avec la phase de transition énergétique dans laquelle le monde est entré. Cette transition énergétique bouleverse la donne durablement. Elle suscite l'avènement à la fois de nouveaux modèles d'entreprise et l'apparition de nouvelles entreprises. Ces transformations expliquent les tensions financières que connaît le secteur.

La vie des entreprises énergétiques n'a jamais été un long fleuve tranquille, néanmoins elle était autrefois bien à l'écart des disruptions constatées aujourd'hui et qui touchent particulièrement les *utilities* intégrées. Dans un environnement où les prix sont devenus de plus en plus formés sur des marchés et où, « culturellement » et pour d'évidentes raisons liées à la lutte contre le changement climatique, les énergies renouvelables émergent progressivement, les entreprises énergétiques sont confrontées à des révolutions techniques dans un environnement extrêmement changeant, qui expliquent les tensions financières.

La transition énergétique : d'un monde énergétique conventionnel à un nouveau monde

> " La digitalisation des énergies renouvelables constitue un moyen de compenser le manque de flexibilité de ces énergies en permettant d'agir sur la demande.

La transition énergétique se manifeste par la décarbonisation des énergies utilisées. Dans le monde énergétique traditionnel dominent le charbon et le pétrole avec une certaine flexibilité dans leur production qui peut s'ajuster selon les besoins. Des sources d'énergie intermédiaires sont apparues qui se rapprochent toutefois du monde énergétique traditionnel, comme le nucléaire, l'hydroélectricité ou le gaz. Le nouveau monde énergétique est celui des renouvelables : éolien on-shore et off-shore, énergie solaire, biomasse, géothermie, biofuels… La digitalisation, c'est-à-dire la conversion d'un signal – par exemple un signal électrique – en données numériques que des algorithmes pourront traiter pour générer une information à valeur ajoutée, constitue un moyen de compenser le manque de flexibilité de ces énergies en permettant d'agir sur la demande. Ainsi se multiplient les services énergétiques, apportant notamment une plus grande efficacité, et qui façonnent l'émergence de nouveaux écosystèmes et, au-delà, esquissent un nouveau monde énergétique.

En France, cette transition énergétique est encadrée par la loi du 18 août 2015, qui repose sur un certain nombre d'objectifs ou d'hypothèses que d'aucuns estiment optimistes, voire irréalistes :

- la consommation d'énergie diminuera de 50 % d'ici à 2050 (est-ce bien réaliste dans un environnement où il est prévu que la population croisse au rythme de 0,45 % l'an et où la croissance du PNB serait de l'ordre de 1,5 à 2 %, alors que la consommation d'énergie est quasi stable depuis 15 ans ?) ;
- la part de l'énergie nucléaire dans la consommation d'électricité, actuellement de 75 %, passerait à 50 % en 2025 ;
- certaines filières renouvelables sont devenues compétitives avec les autres sources d'énergie.

DES MODÈLES D'ENTREPRISES TRÈS DIFFÉRENTS SELON LES DEUX MONDES ÉNERGÉTIQUES

Le monde énergétique conventionnel était caractérisé par des systèmes de production et de distribution centralisés, des modes d'organisation centrés sur le système, le souci impératif de la sécurité d'approvisionnement, des perspectives globales, et des technologies conventionnelles. C'est tout le contraire dans le nouveau monde énergétique. Celui-ci est fondé sur des systèmes décentralisés, centrés sur le consommateur, et a pour orientation première le développement durable, avec des perspectives souvent locales, des systèmes de production et de distribution à petite échelle, et des technologies propres. Cette transition d'un monde énergétique à un autre a profondément affecté les *utilities* intégrées et leur valorisation.

LES PERFORMANCES BOURSIÈRES DES *UTILITIES* SUR DIX ANS

Les performances boursières des *utilities* intégrées ont été très décevantes au cours des dix dernières années.

Alors que la performance hors dividendes de l'indice Euro Stoxx s'établissait à − 11,5 %, les dix principaux énergéticiens intégrés dans la zone euro affichaient une performance de − 50,6 %[1]. Les conclusions sont les mêmes lorsque l'on découpe cette statistique comparée de performances en sous-périodes plus courtes et plus récentes (1, 3 ou 5 ans). Quelles que soient les périodes considérées, les performances boursières des *utilities* intégrées sont inférieures à celles de l'indice Euronext, et ce de manière très significative.

> ❝ Ce ne sont pas les entreprises qui ont pris le virage le plus drastique vers le « nouveau monde énergétique » qui performent le mieux, mais celles qui ont pris ce virage depuis le plus longtemps.

Toutefois, les résultats par société montrent des divergences significatives. Sur dix ans, ce ne sont pas les entreprises qui ont pris le virage le plus drastique vers le « nouveau monde énergétique » qui performent le mieux, mais les entreprises qui ont pris ce virage depuis le plus longtemps, et qui sont avancées dans leur processus de transformation (Iberdrola, EDP, Fortum, Gas Natural, Enel). Ainsi, Iberdrola crée Iberdrola Renovables en 2001 et commence à investir de manière significative dans l'éolien. Dès 2005, Fortum scinde ses activités pétrolières et

----

1. *EDP, EDF, Enel, ENGIE, E.ON, Fortum, Iberdrola, Gas Natural, RWE, Verbund.*

ses activités dans l'électricité et la chaleur. En 2007, Verbund commence à investir massivement dans les renouvelables et l'éolien, et EDP au Portugal crée la même année EDP Renoveis. En 2008, Gas Natural crée Gas Natural Fenosa Renovables. Ce n'est que beaucoup plus récemment que les poids lourds du secteur des *utilities* intégrées ont amorcé leur virage vers le nouveau monde énergétique. En 2014, E.ON annonce la scission de ses activités du « monde énergétique conventionnel » et du « nouveau monde énergétique ». En 2015, EDF lance sa stratégie CAP 2030, qui met l'accent sur les renouvelables et la proximité avec le client. C'est au tour d'ENGIE en 2016, année où la société a présenté son plan stratégique visant à devenir le leader de la transition énergétique dans le monde. La même année, RWE introduit en Bourse ses activités renouvelables, réseaux et détail (Innogy).

La crise économique de 2008 a entraîné des surcapacités qui ont pesé sur les résultats des *utilities* intégrées.

POURQUOI LES *UTILITIES* INTÉGRÉES SONT-ELLES SOUS PRESSION BOURSIÈRE ?

Par ailleurs, la dérégulation du marché de l'énergie intervenue simultanément a fait passer les *utilities* intégrées d'une logique de prix régulé à une logique de prix de marché. La concomitance de cette dérégulation avec l'apparition des surcapacités, dues à la fois à la crise et aux efforts d'efficience énergétique, liés à la volonté de contenir le réchauffement climatique et à celle de contrôler les factures énergétiques, a fragilisé l'équilibre financier des *utilities* intégrées, celles qui en sus de leur activité en aval dans les réseaux possèdent aussi une activité de génération.

En conséquence, le statut boursier des énergéticiens intégrés s'est dégradé. Les flux financiers ont été moins abondants que ce qu'ils avaient été anticipés jadis. Cette dégradation leur permet difficilement de faire face à leurs engagements d'investissement et vis-à-vis de leurs actionnaires. Aussi, le risque perçu par les investisseurs a augmenté, ce qui se reflète dans l'évolution des données de risque dans le modèle TRIVAL d'Associés en Finance depuis dix ans, comme le souligne le tableau ci-dessous.

Pays	Société	Risque novembre 2016			Risque novembre 2006		
		Prévision	Financier	Relatif	Prévision	Financier	Relatif
France	EDF	6	3	1,09	4	1	0,72
Portugal	EDP	5	3	0,97	4	3	0,86
Italie	Enel	6	3	1,09	4	2	0,79
France	ENGIE	6	3	1,09	4	2	0,79
Allemagne	E.ON	5	4	1,13	4	2	0,79
Finlande	Fortum	4	1	0,72	4	2	0,79
Espagne	Gas Natural	6	3	1,09	4	2	0,79
Espagne	Iberdrola	5	3	0,97	4	2	0,79
Allemagne	RWE	6	4	1,28	4	2	0,79
Autriche	Verbund	4	3	0,85	4	2	0,79

Source : Associés en Finance, TRIVAL.

Les données de risque dans TRIVAL se décomposent pour chaque société en un risque financier (qui s'apparente à une note de *rating* d'une agence de notation), un risque sectoriel (bêta) et un risque de prévision qui tient compte du positionnement des activités de la société et de ses avantages compétitifs. À la fois le risque de prévision et le risque financier des grands énergéticiens se sont significativement détériorés depuis 2006.

CONCLUSION

En définitive, les très médiocres performances boursières des grands énergéticiens depuis dix ans ont leur source dans les modifications de l'environnement réglementaire, culturel et technologique. Elles ont eu pour conséquence une érosion des flux financiers dont la réalité a été très inférieure aux anticipations, tandis que le risque tel que perçu par les investisseurs augmentait de manière significative.

Les mêmes causes produisant les mêmes effets, les tensions financières auxquelles les *utilities* intégrées ont à faire face ne sont pas près de disparaître. En effet, la dérégulation des marchés énergétiques n'est pas arrivée à son terme, et la transition énergétique ne fait que commencer.

Chapitre 10

La chaotique émergence d'un monde électrique *smart*

Colette Lewiner

La transition énergétique est en marche, mais ce processus est difficile et douloureux. Elle se traduit notamment par une très forte perturbation des marchés spots de l'électricité, devenus chaotiques. Les prix ont baissé significativement, au point de

> 66 [On assiste à] l'extraordinaire spectacle d'acteurs qui, par périodes, paient pour mettre leur électricité sur le réseau.

conduire à des épisodes de prix négatifs, ouvrant sur l'extraordinaire spectacle d'acteurs qui, par périodes, paient pour mettre leur électricité sur le réseau – subventionnant ainsi leur client pour écouler leur énergie. En début d'année 2016, les prix ont chuté jusqu'à 26 euros par MWh, alors qu'à titre de comparaison, ils étaient de l'ordre de 40 euros en 2015 et aux environs de 80 euros il y a quelques années seulement. Les *utilities* ont donc été fortement affectées, d'autant qu'elles ont dû simultanément faire face à la dérégulation, de sorte que les tarifs ont été abolis pour tous les types de consommateurs, à l'exception des clients résidentiels. Aujourd'hui, en France, près des deux tiers du marché font l'objet de transactions à des prix qui se rapprochent de la référence spot. Dans la plupart des autres pays européens, la totalité des ventes se fait à des prix de marché. Cela explique la situation financière dégradée des *utilities*.

De plus, les *utilities* se trouvent dans l'obligation de transformer leur mix de production et leur organisation. L'émergence des renouvelables a fait basculer les systèmes d'une production centralisée vers une production décentralisée, et les *utilities* sont désormais face à des clients qui attendent d'être traités différemment, et deviennent « consom'acteurs » disposant d'une capacité accrue à produire eux-mêmes de l'électricité, tout en continuant à en consommer une partie issue du réseau.

Les évolutions de la réglementation ont sans doute été mises en œuvre trop rapidement, notamment pour ce qui est du soutien aux renouvelables. Soulignons ici que les entreprises investissant dans des capacités de production renouvelables ne subissent pas de risque de prix, car elles vendent leur électricité à un prix fixé relativement élevé (tarifs de rachat). Reste certes le risque météorologique − l'absence de vent ou de soleil − et les risques technologiques, mais le risque de prix n'existe pas, de sorte que ces entreprises sont immunes face aux tensions sur le marché. Cela a pour conséquence de peser sur les consommateurs qui, *in fine*, paient la différence entre le tarif de rachat et le coût de production des *utilities* (qui est plus faible).

Malgré ces tensions, certaines nouvelles sont encourageantes : les prix des renouvelables baissent, en particulier − et ce de manière significative − celui du solaire, et ils sont appelés à baisser encore. Mais il convient désormais d'y associer des capacités de stockage. Les renouvelables sont par nature des énergies intermittentes : pas d'électricité sans soleil ou sans vent. Actuellement, les barrages hydrauliques fournissent la capacité de stockage mais, en Europe tout du moins, la possibilité d'étendre ces capacités est limitée. La solution passe donc par le développement de batteries spécifiques, qui, même si elles font appel à des technologies de base simi-laires, diffèrent sensiblement des batteries destinées aux voitures – lesquelles sont de surcroît soumises à des contraintes de poids et de durée de rechargement. Paradoxalement, alors que des sommes considérables ont été engagées en soutien des renouvelables qui n'étaient pas encore matures, trop peu d'efforts auront été consentis, en amont, concernant le stockage qu'il est pourtant indispensable de leur associer.

Certaines des contradictions liées au déploiement des renouvelables émergent en Allemagne qui, par exemple, a dû renoncer tout récemment à ajouter de nouvelles éoliennes en mer du Nord faute de capacité de raccordement aux régions consommatrices.

En 2011, quand Angela Merkel a pris la décision d'arrêter le nucléaire (suite à l'accident de Fukushima), elle a pu engager cette *Energiewende* forte de la certitude de disposer d'une autre source de production *via* les centrales fonctionnant au charbon. Mais, ce faisant, la problématique du transport de l'électricité a été sous-estimée : or, en Allemagne – comme de notre

> **Trop peu d'efforts auront été consentis, en amont, concernant le stockage des renouvelables qu'il est pourtant indispensable de leur associer.**

côté du Rhin –, personne n'accepte des lignes à haute tension surplombant sa maison. D'où la difficulté, pour les Allemands, à acheminer l'électricité produite par les fermes éoliennes de la mer du Nord vers le sud de l'Allemagne – où est concentrée la production industrielle, en particulier automobile. Ce «goulot d'étranglement» éclaire la toute récente décision d'arrêter la construction d'éoliennes en mer du Nord, cela alors même que certaines, pourtant en état de marche, sont encore en attente d'être raccordées au réseau.

La seconde transformation déterminante portera donc sur les réseaux électriques – aussi bien pour le transport que pour la distribution – avec l'émergence d'infrastructures «intelligentes», intégrant des technologies avancées (notamment de l'information et de la communication) et induisant des flux de données considérables.

> **Le maillon de la chaîne de valeur qu'est la distribution finale est sans doute le nœud de tensions essentiel de la transition en cours.**

Le maillon de la chaîne de valeur qu'est la distribution finale est sans doute le nœud de tensions essentiel de la transition en cours. Pour juger de ces transformations, il suffit d'observer que près de 30 millions de compteurs électriques ou à gaz intelligents (des *smart meters*) sont en cours d'installation, compteurs qui récupéreront 8 700 mesures par an (à raison d'une par heure), soit des milliards de données. De sorte que les distributeurs pourraient évoluer vers des fournisseurs de données ou de services liés aux données.

Au cœur de la transition : décentralisation–décarbonisation–digitalisation

Corinne de Bilbao

À ce jour, 1,2 milliard d'habitants de la planète n'ont toujours pas accès à l'électricité. D'ici à 2040, la demande d'électricité à l'échelle du globe devrait progresser de manière drastique, à hauteur d'environ 80 %. Mais en même temps, nous nous trouvons face à une transition énergétique qui nous pousse à moins consommer et mieux. La technologie et l'Internet industriel, dont General Electric ambitionne de devenir leader mondial, sont en première ligne pour nous aider à faire face à cette équation. Cela est tout particulièrement vrai pour des processus devenus clés tels que la décentralisation, la décarbonisation et la digitalisation.

Celui de la décentralisation tout d'abord. Même si aujourd'hui, 75 % des nouvelles capacités installées relèvent d'un modèle centralisé, l'énergie décentralisée croît près de deux fois plus vite. En grande partie en raison de la baisse drastique des prix des renouvelables : les cinq dernières années ont vu une réduction de l'ordre

> **Les cinq dernières années ont vu une réduction de l'ordre de 30 % du coût de l'éolien, et d'environ 60 % de celui du solaire.**

de 30 % du coût de l'éolien, et d'environ 60 % de celui du solaire. En devenant de plus en plus accessibles, les énergies renouvelables nous placent face à un certain nombre de défis, au premier rang desquels la question des réseaux électriques, appelés à devenir intelligents pour répondre aux nouveaux enjeux. Il est en effet désormais nécessaire d'intégrer les énergies renouvelables, donc de parvenir à gérer les pics de consommation, et à composer avec des acteurs devenus multiples.

C'est ce que nous avons réussi à faire, ici même en France, à Carros par exemple, une ville voisine de Nice, confrontée à des menaces de *black-out* et d'instabilité électrique. Le projet Nice Grid mis en place a permis à la fois de réduire les émissions de CO_2 par rapport à une centrale thermique classique, de proposer des coûts accessibles au consommateur et d'augmenter la part des renouvelables. Nous avons mis en place tout un système de pilotage permettant de gérer, grâce à des logiciels, la production et la consommation sur le réseau électrique de Carros. Tâche d'autant plus difficile compte tenu de la grande complexité de ce réseau, composé d'énergie solaire intermittente et de batteries de stockage. Ce logiciel donne également au consommateur le pouvoir de devenir acteur du système, un « consom'acteur ». Il est désormais à la fois possible de stocker l'énergie lorsque la consommation est faible et, inversement, lors des pics de consommation, de communiquer *via* des SMS ou des e-mails avec le consommateur pour l'avertir de manière à ce qu'il puisse lui-même réguler sa consommation.

Ainsi, ces réseaux intelligents et la technologie occupent une place déterminante dans la gestion de l'énergie décentralisée.

Deuxième sujet, celui de la décarbonisation, qui touche tous les domaines, en particulier celui de l'énergie qui comprend encore une large marge de progression. Aujourd'hui, le mix énergétique se compose encore très largement de centrales à charbon et de centrales nucléaires. Dans ce domaine également se manifeste un besoin d'efficacité énergétique auquel la technologie devrait apporter des solutions. C'est notamment le cas de la nouvelle turbine à gaz que nous avons développée en collaboration avec EDF. Elle permet de gagner en production, c'est-à-dire de délivrer beaucoup plus d'électricité tout en injectant moins de gaz et, ce faisant, de réduire de moitié les émissions de CO_2. Sans oublier que ces nouvelles technologies permettent également d'accélérer la mise en réseau des « cycles combinés », c'est-à-dire de pouvoir démarrer très rapidement des énergies de *back-up* devenues d'autant plus essentielles en raison du développement des renouvelables et de leur intermittence.

Enfin, la digitalisation est un facteur crucial permettant de mieux gérer les réseaux énergétiques, mais également la production d'énergie en amont. Grâce aux *softwares*, nous sommes en mesure de mieux produire, d'augmenter l'efficacité d'énergies intermittentes et/ou moins efficaces par nature que d'autres. Par exemple, nous pourrons augmenter de près de 20 % la production d'électricité sur les fermes éoliennes grâce à des logiciels offrant la possibilité d'intégrer des paramètres météorologiques.

> 66 Nous pourrons augmenter de près de 20 % la production d'électricité sur les fermes éoliennes grâce à des logiciels.

Évidemment, ces ressorts technologiques et digitaux ne sont pas la seule réponse : il s'agira également de développer des financements innovants, des partenariats public-privés, d'aligner certaines réglementations… Mais ces trois D (décentralisation, décarbonisation, digitalisation) sont le cœur de la transition énergétique.

Chapitre 12

L'apport des start-up : le potentiel « disruptif » des technologies solaires

Thibaud Le Séguillon

Pour remporter les batailles de l'énergie, Heliatek a développé une arme secrète. Une arme décentralisée, décarbonée, de nature à sauver le monde.

Nous fabriquons des films solaires. Qu'est-ce qu'un film solaire ? Il s'agit d'un film plastique qui génère de l'électricité grâce à la lumière : nous développons des semi-conducteurs organiques, selon un procédé que nous avons créé nous-mêmes, qui ont la capacité de transformer la lumière en électricité. Produits sous forme de bobines de film, ces semi-conducteurs organiques sont ensuite disposés de manière continue en couche extrêmement fine, de l'ordre de 250 nanomètres – soit l'équivalent d'environ un quart de l'épaisseur d'un cheveu – sur une feuille de plastique. Nous obtenons à l'issue de la fabrication un matériau très fin, très souple, incassable, disponible en opaque ou plus ou moins transparent, et de différentes couleurs, donc facilement adaptable à tous types de toits et de façades.

Nous ne nous positionnons pas en concurrence avec le solaire traditionnel, qui est parfaitement efficace et que nous encourageons à adopter, dès que cela est possible, en remplacement des filières énergétiques non renouvelables. Nos films fonctionnent tout aussi bien, mais répondent à d'autres problématiques.

Nos marchés cibles sont tous les bâtiments, et ils sont nombreux, qui ne peuvent pas être équipés de solaire traditionnel, généralement pour des questions de poids. Le principal avantage de nos films plastique réside dans leur légèreté : seulement 1 kg/m^2. Certains toits ne sont pas conçus pour porter plus de 5 kg/m^2, or le photovoltaïque traditionnel impose de supporter une charge d'environ 15 kg/m^2, incompatible avec de nombreuses grandes surfaces ou autres centres logistiques, qui seraient menacés par leur installation.

Que ce soit en rénovation ou en création de bâtiments nouveaux, il est compliqué et coûteux de concevoir une façade ou un bâtiment en inscrivant de surcroît dans le cahier des charges la nécessité de supporter 15 kg de plus par mètre carré, ce qui restreint le potentiel d'expansion du photovoltaïque traditionnel, alors que la charge de 1 kg de plus s'intégrera très facilement, sans complexifier le cahier des charges des professionnels du bâtiment.

La solution que nous proposons – aux fabricants de matériaux de construction, aux constructeurs de verre, d'acier, de membranes, de béton – consiste à intégrer notre film en tant que composant actif dans leur matériau. Ce qui leur permet de valoriser ensuite, à travers leur réseau de distribution standard, un vitrage, un panneau de béton, un panneau d'acier, qui produisent de l'électricité, ce qui peut constituer une valeur ajoutée décisive à leur offre, sans en modifier drastiquement la nature.

L'expérience d'Heliatek illustre la dynamique du secteur des renouvelables, très dense en opportunités pour les start-up, et riche en innovations propices à des déploiements rapides. D'où l'intérêt pour des grands groupes comme ENGIE, Total ou Saint-Gobain à investir dans ces entreprises et dynamiser leur stratégie d'innovation.

" L'expérience d'Heliatek illustre la dynamique du secteur des renouvelables, très dense en opportunités pour les start-up.

Chapitre 13

Réguler le climat
des villes intelligentes

Jean-Charles Bourlier

La production de froid est au cœur des enjeux énergétiques de la ville de demain. Pourquoi avons-nous besoin de froid ? Parce que le réchauffement climatique, combiné à l'urbanisation, produit des phénomènes « d'îlots de chaleur »

> Le réchauffement climatique, combiné à l'urbanisation, produit des phénomènes « d'îlots de chaleur » dans le cœur des villes.

dans le cœur des villes, c'est-à-dire des endroits particulièrement chauds qu'il est indispensable de refroidir car ils peuvent diverger de quelques degrés par rapport à d'autres parties d'une métropole (et créer des perturbations locales, à la fois sur les populations et sur certains équipements).

De tels phénomènes peuvent apparaître à proximité de chaudières, de systèmes de climatisation autonomes (gourmands en énergie), de réseaux de chaleur anciens parfois mal isolés, de fermes de serveurs… Par ailleurs, l'urbanisation conduit à absorber plus de calories solaires qu'en milieu naturel, les surfaces sombres (goudron en particulier) renvoyant un rayonnement infrarouge qui réchauffe l'air urbain. Ainsi, à mesure d'une urbanisation croissante, ces véritables « bulles de chaleur» sont appelées à connaître un développement endémique.

Premier réseau de froid urbain mondial, Climespace est une filiale du groupe ENGIE créée en 1991. Nous exploitons aujourd'hui 73 km de réseaux et dix centrales situés à Paris. Grâce à un système collectif utilisant deux fois moins d'énergie qu'un système autonome, Climespace rafraîchit 680 espaces de la capitale, dont des bâtiments tels que le musée du Louvre, la Philharmonie de Paris ou bien encore le Forum des Halles.

Le système créé par Climespace utilise de l'eau glacée, produite à partir d'eau potable, qui circule dans des réseaux, et pour refroidir les machines, l'eau de la Seine − ce qui est, là encore, une innovation technologique du groupe. Cette technologie présente également l'intérêt de faire fonction de «stockage» de froid (donc d'énergie) : la nuit, les besoins en froid étant plus faibles qu'en journée, les groupes frigorifiques continuent de fonctionner afin de produire de l'énergie frigorifique qui est stockée dans des bassins. La journée, ces stockages sont utilisés pour couvrir la demande de pointe. L'énergie frigorifique peut être stockée sous deux formes : eau glacée ou glace. Cette dernière est plus avantageuse car elle permet de stocker plus d'énergie dans un volume donné. Ces stockages autorisent ainsi à répondre à des appels ponctuels et importants de puissance frigorifique. Toutefois, une source d'eau telle que la Seine n'est pas une condition indispensable : le système peut être déployé dans tous les environnements, *via* une tour aéroréfrigérante.

L'excès de chaleur induit des préoccupations en termes de santé publique, de sorte que la multiplication des canicules portée par le changement climatique annonce de sérieux dangers. Dans ce contexte, dès lors que se mettra en place un plan canicule, nous pourrons – grâce à la digitalisation de nos équipements qui intervient à différents niveaux – informer pour que les habitants puissent accéder à un environnement plus frais. Autre utilisation du digital, celle d'informer et de travailler en collaboration avec la Ville de Paris sur les prévisions, pour anticiper les crues de la Seine, et éviter que nos machines ne soient inondées.

> ❝ L'excès de chaleur induit des préoccupations en termes de santé publique, de sorte que la multiplication des canicules annonce de sérieux dangers.

À notre échelle, nous concourons à « sauver le monde » avec ces technologies de refroidissement bien plus efficaces (et donc économes en ressources, dont l'énergie) que les systèmes autonomes. Ce système vertueux est appelé à prendre toute sa place dans la transition énergétique en répondant aux besoins croissants de rafraîchissement des métropoles.

Partie 4

Au-delà des turbulences
de notre décennie

Chapitre 14

Cinq manières de gagner les batailles énergétiques

Olivier Pastré

L'énergie provoque-t-elle la guerre ou la paix ? Tel est le thème de ce livre. Mon rôle est celui de présenter ce chapitre et les auteurs des contributions qui le structurent. Si nous partons de l'hypothèse que l'énergie conduit à la guerre, alors nous pouvons apprendre de l'Histoire comment remporter celle-ci. Cinq batailles, cinq grands chefs, cinq victoires et cinq concepts essentiels nous éclairent sur les ressorts essentiels pour gagner la guerre de l'énergie.

> 66 Cinq batailles, cinq grands chefs, cinq victoires et cinq concepts essentiels nous éclairent sur les ressorts essentiels pour gagner la guerre de l'énergie.

52 avant J.-C., la bataille de Gergovie. Les Arvernes, petit peuple résistant, dirigé par Vercingétorix, est assiégé par César et ses puissantes légions. Mais Vercingétorix, contrairement à de nombreux chefs gaulois à l'époque, loin de se laisser griser par la mégalomanie, refuse en toute sagesse de faire une sortie aussi irréfléchie que condamnée d'avance. À la place, il gère le conflit comme un chef d'entreprise : en faisant des alliances. Grâce à l'aide des Eduens, soit l'appui de

10 000 cavaliers d'élite, il emporte une victoire historique. César ne rentrera pas dans Gergovie et, sans le savoir, donnera naissance à la nation française. Parmi nos contributeurs, Pierre-André de Chalendar, président de Saint-Gobain, est celui qui se rapproche le plus de Vercingétorix. Il est, en effet, l'un des chefs d'entreprise qui va remporter cette guerre en refusant de tout attendre de l'État, en développant de nouvelles énergies, et en nouant des alliances : il est, en effet, aussi président de EpE, Association française des entreprises pour l'environnement, association qui fédère toutes les entreprises françaises qui se battent pour l'environnement et au sein de laquelle des partenariats industriels se créent en nombre croissant.

1211, la guerre de Manchourie. Les Mongols sont un petit peuple, aujourd'hui connu pour ses cavaliers émérites, mais dont la force première était celle de ses archers. Au XIIIe siècle, le royaume de Mongolie était un petit pays assez discret, faiblement développé, un pays émergent en quelque sorte. Avec à sa tête Gengis Khan, ce tout petit pays a envahi la Chine, et là encore il l'a fait grâce à des alliances. Il a ainsi su démontrer que face aux grandes puissances, aux moyens humains et financiers presque sans limites, les pays émergents pouvaient compter sur leur agilité pour marquer des points. Said Mouline (Directeur Général de l'AMEE au Maroc) représente assez bien Gengis Khan en tant qu'« ambassadeur » d'un pays émergent qui peut conquérir le monde.

Le Maroc, en effet, sur la base de l'organisation de la COP22 et du succès de celle-ci, a pour ambition de devenir un acteur majeur du développement énergétique du continent africain. La route est longue, mais l'objectif est clairement établi : faire accéder le plus grand nombre à toutes les formes d'énergie, mais aussi et surtout conserver sur place le maximum de valeur ajoutée énergétique.

1214, la bataille de Bouvines. En infériorité numérique face aux troupes d'Otton IV, Philippe Auguste manœuvre pour relocaliser le champ de bataille entre un lac et une forêt. Grâce à ce choix tactique qui empêche les armées du Saint Empire germanique de se déployer, il rétablit l'égalité numérique et emporte la bataille. Mais en amont, il a aussi gagné la guerre grâce à son choix, dans son camp, de se détourner des nobles pour s'appuyer sur les communes. La bataille de Bouvines marque ainsi le début de la décentralisation et du développement de l'économie régionale. Gérard Magnin, fondateur d'Energy Cities est le Philippe Auguste de l'énergie aujourd'hui. Il a parmi les premiers compris que la transition énergétique se ferait par les acteurs locaux comme cela est déjà le cas dans de nombreuses villes des États-Unis. La transition énergétique ne peut se faire de manière rapide et efficace que si, à la volonté de gouvernements successifs, s'adjoint la multiplication des initiatives microéconomiques.

> La transition énergétique se fera par les acteurs locaux comme cela est déjà le cas dans de nombreuses villes des États-Unis.

2 décembre 1815, la bataille d'Austerlitz, la « bataille des trois Empereurs ». Face à François II et Alexandre Ier, Napoléon se sait en infériorité numérique, et prend une

> Sans la taxe carbone, nous n'arriverons que très difficilement et trop lentement à impulser des comportements vertueux.

décision majeure, qui relève à la fois de la stratégie, celle de se battre sur son terrain, le plateau de Pratzen, et de la diplomatie, en convainquant ses maréchaux pourtant dubitatifs face à ce plan audacieux. Aujourd'hui encore, il faut s'imposer sur son terrain et simultanément faire preuve de diplomatie. Jean-David Levitte, ambassadeur de France, est, à l'instar de Napoléon, notre diplomate. Nous devrions donc lui confier la mission de négocier l'instauration d'une taxe carbone digne de ce nom. Sans cette taxe, nous n'arriverons que très difficilement et trop lentement à impulser des comportements vertueux. Pour imposer celle-ci, *a fortiori* dans un environnement «trumpien», il va falloir beaucoup de volontarisme mais aussi de doigté.

5 septembre 1914, la bataille de la Marne. Restée célèbre pour l'anecdote des taxis, qui n'ont en réalité amené qu'une division sur le champ de bataille, le vrai génie de celui qui n'est alors encore que le général Joffre, a été de comprendre l'importance capitale du transport ferroviaire, en mobilisant la technologie pour mettre en difficulté les troupes allemandes. Alors que celles-ci ont enfoncé le front français, les trains réquisitionnés par Joffre ont donné à l'armée française la même mobilité que celle des chars allemands au début de la Seconde Guerre mondiale. C'est la technologie qui a sauvé Paris de l'Occupation en 1914. C'est l'utilité de la technologie qu'incarne Gérard Magnin, patron d'Energy Cities, réseau se donnant pour priorité l'émergence accélérée de l'«intelligence énergétique».

Cinq batailles, cinq priorités : l'entreprise «agile», les pays émergents conquérants mais collaboratifs, les collectivités locales entreprenantes, la technologie transgressive et les alliances respectueuses des intérêts de chacun. Autant d'issues à nos conflits énergétiques. Et deux enseignements plus généraux. Le premier, que symbolisent particulièrement bien Gergovie, Bouvines et Austerlitz, atteste que l'infériorité numérique ne constitue en rien une malédiction. Elle peut parfois même être le ferment de la victoire. Car la souplesse est une force dans toute période de mutation technologique. Certains pays émergents sont en train de nous le démontrer. À la France d'en tirer les leçons…

Second enseignement : dans un environnement de plus en plus mondialisé et donc interdépendant, le volontarisme national doit s'accompagner d'une stratégie d'alliances dans deux domaines (technologique mais aussi politique), et à deux niveaux (micro et aussi macroéconomique). À nous de construire ces alliances. Plus facile à dire qu'à faire. Sûrement. Mais aussi plus porteur de paix que de guerre…

> **La souplesse est une force dans toute période de mutation technologique.**

Chapitre 15

La mobilisation des collectivités et de leurs citoyens

Gérard Magnin

Depuis une trentaine d'années, je suis engagé aux côtés des collectivités locales, de la décentralisation et de l'implication des citoyens dans les politiques énergétiques. Le réseau Energy Cities[1], créé

> Les États ont commencé à considérer que les collectivités locales pouvaient être des partenaires de la transition.

en 1990 à partir d'un noyau de collectivités, comprend aujourd'hui un millier de villes situées dans une trentaine de pays européens. Son principal objectif est de donner aux autorités locales davantage de capacité d'agir dans la politique énergétique. Au sein même de l'Europe, des différences majeures sur ce sujet sont observables, et c'est donc aussi, d'un point de vue franco-français, la possibilité pour les autorités locales françaises de bénéficier de l'expérience de pays qui s'inscrivent dans une tradition locale beaucoup plus forte, parce que fédérale, et moins centralisée que la nôtre.

Après un long processus et face à une certaine difficulté à trouver des solutions les États ont, depuis la

---

1. http://www.energy-cities.eu/

COP21, commencé à considérer que les collectivités locales, comme les entreprises ou les ONG, pouvaient être des partenaires de la transition. Une avancée décisive, mais fruit d'un travail préparé depuis longtemps en amont. Quand, fin 2008, a été adopté le paquet énergie-climat de l'Union européenne, avec les « trois fois vingt » (20 % d'énergie renouvelable, – 20 % d'émissions de CO_2 et amélioration de l'efficacité énergétique de 20 %), beaucoup d'oppositions se sont manifestées. Pourtant huit semaines plus tard, étaient déjà réunis au Parlement européen 350 maires, venus non pas s'opposer au projet – comme on aurait pu le craindre tant une rencontre à Bruxelles est souvent synonyme de contestation des décisions –, mais au contraire pour manifester leur adhésion, leur envie et leur volonté de porter ce projet localement, sur une base volontaire, en délivrant leurs plans d'action. Ce fut la naissance de la Convention des maires (Covenant of Mayors[1]). Aujourd'hui, ce sont 7 000 autorités locales européennes qui sont engagées et viennent de joindre leur mouvement avec celui d'autres continents au travers de la Global Covenant of Mayors. Avec de nombreux partenaires, Energy Cities en assure la coordination générale.

> ❝ Ce sont les autorités locales et régionales qui formeront au moins une composante essentielle des politiques énergétiques et climatiques.

Si un tel mouvement n'a cessé de prendre de l'ampleur, c'est que la conscience tant au niveau des autorités locales que des citoyens est, sur cette question, constamment grandissante. Non seulement par lucidité face aux nécessaires

---

1. http://www.covenantofmayors.eu/index_en.html

changements qui doivent intervenir au niveau planétaire, mais aussi en raison des opportunités qui en résultent à l'échelle locale : la transition énergétique offre de nouveaux leviers d'action, une façon nouvelle de considérer l'urbanisme, de nouvelles sources de revenus et d'emploi, de nouvelles manières d'impliquer des citoyens dans des projets collectifs, et d'aborder différents sujets jusqu'alors délaissés comme les relations urbain–rural. Petit à petit, ce sont les autorités locales et régionales qui formeront, sinon les bases, au moins une composante essentielle des politiques énergétiques et climatiques.

Si les presque vingt premières COP avaient résisté à la prise en compte des autorités locales dans la lutte contre le changement climatique, les conclusions des dernières COP sont éloquentes en ce qu'elles placent désormais celles-ci comme des acteurs de premier plan. C'est d'ailleurs du côté des collectivités locales que s'investissent désormais des personnalités qui ont joué un très grand rôle aux Nations unies pour réussir la COP21, à l'instar de Christiana Figueres.

L'une de mes fonctions aujourd'hui est celle de président d'une coopérative énergétique de citoyens pour le financement de projets territoriaux d'énergies renouvelables. Il s'agit d'une société coopérative d'intérêt collectif (SCIC) dénommée Jurascic[1] – puisque née dans le Jura –, qui réunit autour de citoyens des collectivités et des entreprises comme l'autorise désormais la loi de transition énergétique. Elle a vocation à permettre l'investissement citoyen, à développer ou à codévelopper des projets ou à exploiter des installations

---

1. www.jurascic.com

et à commercialiser sa production. Un tel type d'organisation est de plus en plus répandu, car il permet d'offrir des débouchés à cette prise de conscience *via* des actions concrètes, et constitue un vecteur d'acceptation sociétale très favorable à la promotion des énergies renouvelables.

> **" Les sources d'énergies renouvelables, le soleil, le vent, sont partout, abondantes et largement décentralisées.**

Selon une étude récemment publiée par le bureau indépendant néerlandais CE Delft évaluant le « potentiel des citoyens énergétiques dans l'Union européenne », la moitié des Européens pourraient produire tout ou partie de l'électricité dont ils ont besoin, de façon individuelle ou collective pour atteindre 45 % de la demande totale à cet horizon. Que ces chiffres soient ou non atteints importe peu, car c'est le sens et le rythme qu'ils expriment qui sont importants. Tout va changer et nous ne sommes qu'à l'aube de ce bouleversement. La loi de transition énergétique a pris en compte ces changements et ouvre des portes, mais la culture de la prise en main de ses affaires énergétiques, à la différence des pays fédéraux et décentralisés, reste encore embryonnaire dans notre pays marqué par l'étatisme et la centralisation. Nous avons besoin aujourd'hui de milliers d'« entrepreneurs énergétiques territoriaux » (maires, associatifs, agriculteurs, etc.) qui fédèrent des acteurs locaux les plus divers pour faire émerger de façon significative un mouvement énergétique *bottum-up*.

Alors que les énergies fossiles sont localisées, et constituent donc des points de tensions géopolitiques, les sources d'énergies renouvelables, le soleil, le vent, sont partout, abondantes et largement décentralisées. Plus elles seront utilisées, plus les coûts baisseront, plus les technologies afférentes seront accessibles, et même accessibles au plus grand nombre.

Nous sommes donc en présence de deux paradigmes radicalement opposés, l'un créateur de tensions, l'autre de nature à les soulager. L'efficacité énergétique comme les énergies renouvelables sont un facteur de paix, de justice sociale, et un facteur de recomposition de communautés autour de projets qui participent, à leur échelle, à transformer le monde.

Chapitre 16

L'efficacité comme facteur de paix énergétique

Pierre-André de Chalendar

Nous sommes réunis autour de la thématique des « guerres de l'énergie ». Facteurs de dissensions à l'échelle de la planète, provenant de ressources

> **❝** La meilleure énergie est celle qui n'est pas consommée.

épuisables, et polluantes pour la plupart, les énergies doivent être économisées pour réduire les tensions, protéger l'homme et l'environnement. C'est pour cette raison que nous devons, en priorité, porter notre attention sur l'efficacité énergétique. C'est un constat de bon sens : la meilleure énergie est celle qui n'est pas consommée.

La population urbaine augmente considérablement partout dans le monde. Si les tendances actuelles devaient se prolonger, les besoins croissants en bâtiments et en infrastructures de transports conduiraient mécaniquement à une explosion des besoins en énergie. La transition énergétique, amorcée depuis quelques années, a conduit prioritairement à la mise en place de politiques visant à favoriser les ressources renouvelables. Mais la croissance de ces nouvelles filières n'est pas extrapolable à l'infini, notamment parce que ces nouvelles énergies absorbent également des matières premières, mobilisent des espaces et les finances publiques. La réponse la plus logique pour inventer un modèle énergétique durable reste donc, avant toute chose, de consommer moins.

Concentrons-nous sur le domaine du bâtiment. Il représente plus de 30 % de la consommation d'énergie dans le monde (40 % dans les pays développés), et un peu plus de 25 % des émissions de gaz à effet de serre. Aujourd'hui, nous avons d'ores et déjà les moyens d'agir pour consommer moins d'énergie et réduire les émissions. Les technologies dans ce domaine sont déjà très matures.

> **" L'efficacité énergétique d'aujourd'hui est une source de confort.**

Autrefois, ce qui était alors qualifié d'«économies d'énergie» avait le goût de l'austérité et de l'inconfort. L'efficacité énergétique d'aujourd'hui, et c'est toute la différence, est au contraire une source de confort. Vivre dans un bâtiment très mal isolé, c'est utiliser beaucoup de chauffage, et bien souvent avoir du mal à en réguler la température. Tous les habitants de logements mal isolés peuvent témoigner de leur inconfort malgré des factures qui rognent leur pouvoir d'achat. Au contraire, dans un bâtiment bien isolé, la régulation de la température est plus efficace, la chaleur perçue plus stable, le confort thermique manifeste. On parle ici de confort thermique, qui va de pair avec d'autres conforts, dans le domaine de l'acoustique, de la qualité de l'air, de la lumière naturelle. En choisissant des matériaux performants, fruits des avancées technologiques les plus récentes, on améliore l'efficacité énergétique et l'expérience globale du confort.

L'autre atout majeur de l'efficacité énergétique, c'est d'être un processus très localisé, qui réduit les interdépendances créées par l'acheminement à longue distance de l'énergie. Avec deux conséquences positives : premièrement, les investissements en efficacité énergétique entrepris par une collectivité ne créent pas de tensions ni de dépendances géopolitiques. Et deuxièmement, ils permettent de créer de la valeur et de l'emploi localement.

Ces qualités sont notables, dans un environnement où la nécessaire réduction des émissions de gaz à effet de serre débouche souvent sur des tensions. Comment répartir les efforts à consentir entre les différents acteurs et les différentes régions du monde ? C'est l'une des questions majeures à laquelle essaient de répondre les COP. Cette problématique s'accompagne souvent de risques de conflits commerciaux, en raison de distorsions de concurrence induites par le phénomène de « fuite du carbone » – c'est-à-dire les mouvements de délocalisation susceptibles d'être entrepris pour produire dans des zones du monde où les contraintes en matière de carbone sont moins drastiques.

Lorsque l'on observe de près les évolutions de l'efficacité énergétique, il est des nouvelles encourageantes : par exemple, en 2015, l'intensité énergétique mondiale, c'est-à-dire le ratio entre la consommation énergétique et le produit intérieur brut (PIB), a diminué de 1,8 %. C'est une avancée conséquente. Mais pour respecter l'objectif fixé par l'accord de Paris, de contenir le réchauffement climatique à un maximum de + 2 °C, il faudrait atteindre une baisse de 3 %. Une telle perspective est ambitieuse, mais n'est pas hors d'atteinte, car nous bénéficions d'innovations permanentes en matière d'efficacité énergétique.

❝ Le stockage de l'énergie sera un passage obligé pour une utilisation plus importante des énergies renouvelables

Concernant le bâtiment, de nombreux matériaux et savoir-faire sont déjà disponibles. Dans la construction neuve, une bonne isolation peut d'ores et déjà permettre de réduire les consommations de façon spectaculaire. On pourra, demain, réduire d'un facteur 2 à 4 l'épaisseur des isolants, améliorer encore les performances des vitrages mais aussi récupérer l'énergie de multiples façons en stockant la chaleur dans les parois des immeubles. Le stockage de l'énergie sera un passage obligé pour une utilisation plus importante des énergies renouvelables, par nature intermittentes. Des matériaux isolants aux performances sans cesse améliorées grâce à l'effort d'innovation, acheminés et distribués selon des schémas logistiques avec une faible empreinte carbone : c'est possible aujourd'hui. C'est l'un des facteurs clés pour réussir une transition énergétique qui permette de consommer moins et mieux.

Reste le secteur de la rénovation, auquel tente de répondre en France la récente loi de transition énergétique pour la croissance verte. Avec la notion d'efficacité énergétique « embarquée », elle incite notamment les propriétaires à profiter de la réalisation d'importants travaux de rénovation pour réduire la consommation d'énergie des bâtiments. Cette pratique doit participer à l'effort général entrepris pour améliorer les performances énergétiques du parc immobilier ancien.

Ainsi, l'efficacité énergétique ne conduit pas aux guerres de l'énergie : elle est indubitablement une source de paix.

Chapitre 17

Accord climatique : les promesses de la COP22

Saïd Mouline

La ratification de l'accord de Paris seulement un an après sa promulgation – alors qu'il en avait fallu plus de sept pour le protocole de Kyoto – constitue une performance exceptionnelle qu'il convient de saluer. En outre, la COP22, tenue à Marrakech quelques jours après l'entrée en vigueur de l'accord, a permis d'engranger d'autres avancées décisives.

> 66 La ratification de l'accord de Paris seulement un an après sa promulgation constitue une performance exceptionnelle.

En premier lieu, l'implication grandissante de trois grandes catégories d'acteurs aux côtés des États s'inscrit désormais comme un phénomène majeur, déjà observé à Paris : les territoires et les villes, la société civile et le secteur privé. Le pôle dédié aux partenariats public-privé mis en place à cette occasion, était à cet égard capital à plusieurs titres. D'abord parce que le secteur privé porte largement l'innovation, la recherche et le développement, et qu'il est en charge d'investir et de financer les projets, c'est-à-dire de les connecter au marché. Mais aussi et surtout en raison du rôle clé qu'il est conduit à jouer pour réduire ses propres émissions.

Si certains États sont tentés de refuser l'intervention du privé, au nom de potentiels conflits d'intérêt, les COP viennent au contraire démontrer que leur implication est nécessaire, non seulement pour être forces de proposition, mais également en agissant directement.

Les pays du Sud ont souvent été volontaristes dans la lutte contre le changement climatique.

En 2015 à Paris étaient réunies vingt-quatre organisations patronales du monde entier. En 2016 à Marrakech, sous l'égide du patronat marocain qui a une commission dédiée à l'énergie, au climat et à l'économie verte, elles étaient quarante-cinq à se regrouper pour signer la déclaration de Marrakech du secteur privé, manifestant une volonté de réduire leurs émissions, de s'engager pour aider les pays à atteindre leurs objectifs et de participer à cette économie bas carbone. Il faut aussi remarquer que près de la moitié de ses organisations provenaient des pays du Sud.

Il est primordial que, parallèlement aux renouvelables, se développe une politique volontariste dans l'efficacité énergétique.

Ces engagements concernent tout à la fois le secteur privé du Nord et celui du Sud, point important à souligner, car les pays du Sud ont souvent été volontaristes dans la lutte contre le changement climatique. Le cas du Maroc est intéressant de ce point de vue : à l'origine seulement de 0,15 % des émissions mondiales, la transition énergétique représente une volonté politique au plus haut niveau de l'État et ne date pas de la COP21, mais de 2009. La priorité a été donnée aux énergies renouvelables et à l'efficacité énergétique, avec deux agences dédiées : l'Agence marocaine pour l'efficacité énergétique (AMEE) et l'Agence marocaine des énergies durables (MASEN), en charge du développement des grands projets autour du renouvelable. Car les deux doivent aller de pair. Il est primordial que, parallèlement aux renouvelables, se développe une politique volontariste dans l'efficacité énergétique, et ce dans tous les secteurs : production d'électricité, industrie, urbanisme, bâtiment, transport, agriculture… Car l'efficacité énergétique constitue le levier essentiel, en étant l'orientation stratégique la plus efficace pour que les pays tiennent leurs engagements de réduction des gaz à effet de serre rapidement et à moindre coût : l'énergie la moins chère est celle qui n'est pas consommée, rappelons-le. Si les renouvelables arrivent assez facilement à se faire financer aujourd'hui, l'efficacité énergétique nécessite cependant plus d'accompagnement et c'est ce qui a été proposé à Marrakech avec l'Initiative internationale sur l'efficacité énergétique.

Lorsqu'au Maroc, nous avons lancé tout récemment un projet renouvelable, avec un appel à des investissements privés, dix-neuf groupements venus du monde entier ont soumissionné parce que nous avions institué une agence dédiée, avec une gouvernance claire et de nature à attirer les investisseurs. Et nous avons de ce fait obtenu le plus bas prix au monde pour l'éolien, à moins de 3 centimes d'euro du kWh et une substantielle intégration industrielle. Cette observation pourrait être étendue à d'autres secteurs dont les coûts sont orientés à la baisse – le photovoltaïque, le stockage, la mobilité électrique – témoignant d'une transition en marche.

Autre point très important de cette COP22 : la signature d'un accord entre le Maroc et plusieurs pays d'Europe, pour pouvoir exporter des énergies vertes, du Sud vers le Nord. L'objectif conjoint est ici de créer de l'emploi au Nord aussi bien qu'au Sud, de contribuer ainsi à arrêter l'émigration climatique et aussi d'atteindre les objectifs climatiques de l'Europe à moindre coût. C'est pour cela que nous estimons que les énergies renouvelables et l'efficacité énergétique sont les énergies de la paix en comparaison avec les énergies fossiles porteuses de guerres, de corruption et de pollution.

Chapitre 18

L'accord de Paris sur la nouvelle scène géopolitique

Jean-David Levitte

Le président Donald Trump prendra-t-il la décision provocante de retirer les États-Unis de l'accord de Paris ? En dépit de son apparente détermination, je ne le pense pas. En revanche, le nouveau président peut envisager toute une série de mesures soit sous forme d'*executive orders* présidentiels, soit sous forme législative grâce à la majorité républicaine dont il dispose au Congrès. Il peut par exemple décider de remettre en question le Clean Power Act par lequel le président Barack Obama a fait adopter des mesures ambitieuses qui devraient permettre de réduire de 32% les émissions américaines de gaz à effet de serre d'ici à 2030, déterminant ainsi la trajectoire de transition énergétique des États-Unis. Actuellement, l'application de cet Act est suspendue par le recours que vingt-sept des cinquante États américains – ceux à majorité républicaine – ont introduit devant la Cour suprême. Et, désormais, le président Donald Trump a tout à fait le pouvoir de le modifier

> **Le président Donald Trump a tout à fait le pouvoir de favoriser la relance du charbon au détriment des autres énergies, notamment les énergies renouvelables.**

pour favoriser, par exemple, la relance du charbon au détriment des autres énergies, notamment les énergies renouvelables.

Dans ce contexte préoccupant, il est toutefois deux raisons d'espérer. La première, d'ordre économique et financier, tient au coût du gaz de schiste américain, inférieur à celui du charbon. Ce seul fait devrait retenir les banques de se précipiter pour financer la relance des mines de charbon. Et la seconde raison, non moins importante – et qui produira des effets dans le même sens –, tient à la probabilité de toute une série d'initiatives menées par une large coalition d'acteurs déterminés à changer la donne dans ce domaine aux États-Unis : des États comme la Californie ou le Massachusetts, mais également des centaines de villes, des grandes entreprises, des ONG et sans doute une majorité des Américains sont déterminés à se battre pour l'environnement. Cette coalition-là peut représenter une force de nature à entraver la mise en œuvre d'une législation, à contre-courant, que souhaiterait faire adopter le président Donald Trump.

Le charbon est responsable à lui seul de 40 % des émissions de gaz à effet de serre aux États-Unis, deuxième pays le plus pollueur au monde. La menace d'une éventuelle relance du charbon américain, comme plus largement celle d'une élimination des mesures prises pour réduire les émissions américaines de gaz à effet de serre, représente, à l'évidence, un enjeu considérable dans la lutte globale contre le changement climatique.

L'autre question essentielle est celle de savoir comment réagirait la Chine à ces décisions du nouveau président des États-Unis. L'accord de Paris est en effet fondé sur une entente entre Washington et Pékin. Si Washington se retirait, que ferait la Chine, premier émetteur de gaz à effet de serre et premier producteur mondial de charbon ? Là encore, le pire n'est pas certain. Pour ma part, je pense que les dirigeants chinois, qui sont sous une pression très forte de leur opinion, excédée et profondément inquiète devant la montée inexorable de la pollution en Chine, choisiraient de respecter scrupuleusement les engagements pris par Pékin, et saisiraient même l'occasion de présenter la Chine en leader planétaire, comme elle l'est déjà dans la production des panneaux solaires et de l'électricité nucléaire.

> « Je pense que les dirigeants chinois choisiraient de respecter scrupuleusement les engagements pris par Pékin.

Nous sommes donc à un moment où l'avenir de la Terre va se décider, notamment entre Washington et Pékin. Ce doit être non seulement le moment d'une prise de conscience, déjà largement acquise, mais aussi le temps de l'action, individuelle et collective.

Au cours des trois dernières générations, l'homme a, pour la première fois dans notre histoire, inventé et développé deux façons de détruire la planète et l'humanité : l'arme nucléaire et le réchauffement climatique. Deux différences les séparent. Première différence, il ne faudrait que quelques heures aux armes nucléaires pour éliminer une majorité des humains, alors que le réchauffement climatique nous

> « Nous devons être conscients que chacun d'entre nous peut apporter sa contribution à la solution.

laisse encore quelques décennies pour agir et éviter le pire, l'irréversible. La seconde différence tient à ceux qui sont en charge des décisions cruciales. Devant le risque que représentent la Corée du Nord, peut-être demain l'Iran et la prolifération nucléaire au Moyen-Orient, quelques centaines de dirigeants ont la décision entre leurs mains et les peuples n'ont guère leur mot à dire. Mais, face au réchauffement climatique, les formidables coalitions qui ont émergé à Paris, et qui se sont cristallisées à Marrakech d'une façon extraordinaire, ont un rôle essentiel à jouer, en exerçant des pressions irrésistibles sur les décideurs politiques et économiques à tous les niveaux, mais aussi en agissant directement. En un mot, nous devons être conscients que chacun d'entre nous peut apporter sa contribution à la solution.

Cette mobilisation des opinions publiques, des ONG, des entreprises, des banques, des villes, ce mouvement qui se renforce dans tous les pays, sont la meilleure réponse, la plus efficace, face aux multiples menaces du réchauffement climatique.

L'avenir de la planète nous appartient. Il est dans nos mains. Agir n'est pas une option : c'est une obligation ! Nous le pouvons, et si nous le voulons, nous y arriverons !

Les entreprises en première ligne dans la transition bas carbone… et en attente de règles efficaces

Isabelle Kocher

Il y a, dans la transition actuelle du secteur de l'énergie, un paradoxe saisissant entre la convergence de points de vue des acteurs sur le point d'arrivée et le degré d'incertitude sans précédent, sur le rythme et la manière d'y parvenir.

La convergence sur le point d'arrivée – c'est-à-dire sur le monde de l'énergie vers lequel nous nous dirigeons – mérite d'être soulignée. La vision partagée est que ce monde sera partiellement, voire totalement décarboné car le gaz lui-même deviendra progressivement vert. Ensuite, ce monde sera largement décentralisé, puisqu'une part significative de l'énergie consommée, à hauteur de 50 % selon les spécialistes, devrait être produite sur le site même de sa consommation. Chacun, des consommateurs individuels aux gestionnaires de plates-formes industrielles, est en effet appelé à devenir producteur d'énergie. Et de ce fait, le monde sera de plus en plus digitalisé, car les interfaces digitales seront nécessaires à

> " Chacun, des consommateurs individuels aux gestionnaires de plates-formes industrielles, est appelé à devenir producteur d'énergie.

tous les étages : pour accompagner les clients, coupler la production et la consommation ou gérer le stockage par batterie. Enfin, le monde sera beaucoup plus sobre. À titre d'exemple, nous venons récemment de mettre en place un système destiné à réduire de 30 % la consommation d'énergie dans 140 écoles de la ville de Paris. De manière plus générale, on observe – et ce quelle que soit la nature du site (tertiaire, industriel ou à l'échelle de l'habitation) – que ces 30 % d'économies peuvent être atteints sans grande difficulté, en activant un panel de technologies d'ores et déjà matures.

Le monde de l'énergie de demain sera donc bien plus sobre, décarboné, décentralisé et digitalisé.

> ❝ En dix ans, les coûts de production d'électricité *via* la filière solaire ont été divisés par dix.

La convergence des points de vue a permis d'enclencher un changement profond et irréversible de modèle, notamment en permettant une maturation très rapide des technologies. Des masses d'argent considérables sont désormais fléchées pour financer la transition vers le nouveau monde de l'énergie. L'exemple le plus spectaculaire est celui du solaire : en dix ans, les coûts de production d'électricité *via* cette filière ont été divisés par dix. La dynamique des investissements s'est clairement inversée en faveur des actifs décarbonés et, en 2015, plus de 60 % des nouvelles capacités électriques installées étaient d'origine renouvelable. C'est une véritable inflexion qui s'opère !

Le monde de demain est plein d'espoir, en ceci qu'il ouvre la perspective d'un accès à l'énergie pour tous. Environ 2 milliards de personnes n'ont pas, ou ont insuffisamment, accès à l'énergie. Un handicap majeur qui obère toute capacité de développement : sans énergie, tout est entravé (santé, éducation, etc.). Désormais, grâce aux systèmes décentralisés, un accès à l'énergie à ces populations se dessine, sans pour autant menacer le climat. Pour reprendre l'exemple du solaire, le gisement d'énergie est de l'ordre de vingt fois la consommation mondiale d'énergie et il est largement disponible à la surface du globe. À terme, l'équilibre géopolitique sera donc très différent de celui que l'on connaît aujourd'hui. Nous passerons d'un monde où quelques pays disposent de l'essentiel des réserves énergétiques de la planète, à un autre où, grâce à des renouvelables de plus en plus accessibles, chaque pays aura les moyens de son indépendance énergétique – tout du moins en grande partie. Les pays dits « émergents » misent plus encore que les zones développées sur les énergies renouvelables, qui sont leur passeport pour se développer, sans accroître excessivement leur dépendance vis-à-vis de leurs voisins, ni dégrader leur environnement direct par des pollutions de l'air ou de l'eau.

La transition énergétique actuelle est donc de l'ordre d'une révolution industrielle, dont les deux poumons sont la technologie et le digital. Cependant, son déroulement se fera au sein d'un monde à la fois volatil, incertain, complexe et ambigu. Le rythme, les solutions, les *business models…* tout est à construire ! Dans ce contexte, la problématique pour ENGIE est de définir comment piloter une transformation d'une telle profondeur dans un monde où les grandes directions sont certes claires, mais le degré d'incertitude majeur quant au meilleur chemin à parcourir.

Pour être un groupe pionnier du nouveau monde de l'énergie, nous nous sommes fixé trois grandes règles de conduite.

> **"** Le gaz deviendra très probablement de plus en plus vert, *via* l'hydrogène et les biogaz.

La première, c'est que nous n'implémentons aujourd'hui que des solutions industrielles qui viennent en soutien de la transition énergétique. Cette démarche est assez naturelle pour un groupe au sein duquel, pour ne prendre qu'un exemple, 100 000 sur 155 000 collaborateurs sont impliqués dans des activités liées aux services à l'énergie. Loin d'être uniquement soucieux de produire de l'énergie, nous sommes d'ores et déjà largement impliqués dans la définition et la mise en œuvre des solutions nécessaires pour en diminuer la consommation. Nos «gènes», notre positionnement stratégique et nos activités industrielles actuelles nous ont ainsi logiquement conduits à choisir la transition énergétique comme guide de sélection des activités à développer à l'avenir. En premier lieu, nous souhaitons donc donner la priorité à l'efficacité énergétique. Ensuite, notre deuxième priorité est le gaz, qui, de notre point de vue, est un domaine crucial : il est la bande de continuité des systèmes, est bien moins émetteur de CO_2 que les autres énergies fossiles et deviendra très probablement de plus en plus vert, *via* l'hydrogène et les biogaz. Enfin, la troisième activité à laquelle nous souhaitons donner la priorité est la production d'électricité à partir d'énergies renouvelables.

Afin d'être cohérents avec notre première règle de conduite, nous cessons dès à présent de développer les activités qui n'ont plus leur place dans le nouveau monde de l'énergie. Derrière cette phrase se cachent des implications lourdes : nous sommes actuellement en train de gérer un plan de cession d'actifs de 15 milliards d'euros en trois ans, pour nous alléger de tout ce qui ne vient pas en soutien de la transition énergétique, comme notre activité de production d'électricité à partir de charbon. Ces 15 milliards d'euros vont être réinvestis dans le développement des trois métiers auxquels nous souhaitons donner la priorité, l'efficacité énergétique, le gaz et les énergies renouvelables, et sur lesquels nous avons déjà, et c'est une chance immense, des positions de leader mondial.

La deuxième règle de conduite que nous nous sommes fixée, c'est d'anticiper et de construire les activités de demain en nous plaçant au cœur du bouillonnement technologique. N'oublions pas que nous ne sommes encore qu'au début des nouvelles vagues de technologie, qui visent aussi bien le secteur du renouvelable que le stockage, les gaz verts, l'hydrogène, les technologies digitales, les softwares, etc. Nous sommes convaincus que gagner cette bataille technologique passe par la création d'un écosystème qui réunit grandes et petites entreprises. L'Europe a lancé, ces dix dernières années, le mouvement des nouvelles technologies renouvelables, en y allouant des subventions considérables, qui pèsent encore aujourd'hui dans les coûts de l'énergie. Pourtant, nous n'avons pas encore réussi à en fixer les filières industrielles. C'est une bataille, plus qu'une guerre, mais qui nécessite de mieux s'organiser pour y parvenir. Dans cette optique, ENGIE a décidé de consacrer des budgets significatifs, de l'ordre de 1,5 milliard d'euros sur trois ans, au développement de ces technologies et notamment dans le secteur du digital.

La troisième règle de conduite consiste à reconsidérer notre propre façon de fonctionner. Une organisation industrielle reflète, par ses processus et la manière dont elle est structurée, une nature d'opération industrielle. Les systèmes décentralisés ne peuvent être opérés de la même manière que les grandes usines et les grands réseaux, qui, même s'ils continueront à exister, ne seront plus le seul axe de développement des systèmes énergétiques. Nous avons donc décidé de jouer sur nos organisations, de les simplifier, de modifier nos modes de fonctionnement pour être plus proches du terrain, plus décentralisés, plus collaboratifs en interne également. Et nous allons continuer dans cette dynamique pour être toujours plus agiles, innovants et réellement à même de co-construire nos solutions avec nos clients, à l'échelle locale, tout en recherchant les effets d'échelle permis par notre taille.

> **❝ 70 % des investissements effectués pour limiter le changement climatique proviennent du secteur privé.**

ENGIE s'est donc engagé dans une transformation profonde, avec un rythme volontairement très resserré, et il est essentiel de comprendre à quel point cette transformation est exigeante non seulement pour nous, mais également pour tous les acteurs industriels. Elle leur impose des efforts considérables, sur leur façon de fonctionner, leur efficacité, et ce de manière inexorable, en raison du degré très élevé de compétitivité.

Pour terminer, je voudrais vous dire que les industriels ont un rôle capital à jouer pour permettre l'avènement de la nouvelle ère industrielle et qu'ils en ont pris la mesure. Pensons, par exemple, que 70 % des investissements effectués pour limiter le changement climatique proviennent du secteur privé. En revanche, les entreprises ont besoin de signaux et du cadre réglementaire qui leur permettra de participer pleinement à la révolution en cours. C'est aux pouvoirs publics qu'il appartient de mettre en place le cadre nécessaire pour que les actions de l'ensemble des acteurs, dont ENGIE, soient marquées du sceau du succès.

Hakkı Akil

Né à Kargı/Çorum en 1953, Hakki Akil est diplômé de l'université de Bordeaux où il obtient une licence au département de développement économique. Il est ensuite diplômé de l'École nationale d'administration à Paris, et prépare une thèse sur «La guerre Iran-Irak et l'approvisionnement pétrolier au niveau mondial». Parmi les nombreuses fonctions qu'il a exercées, il a notamment été représentant permanent adjoint de la Turquie auprès de l'Organisation mondiale du commerce.

En 1979, il entre au ministère des Affaires étrangères dont il devient en 2000 le chef du département Énergie puis le directeur général adjoint des affaires liées à l'Énergie, l'Environnement et l'Eau.

En 2005 il est nommé ambassadeur de Turquie au Turkménistan, puis aux Émirats arabes unis.

En 2009, il devient sous-secrétaire d'État adjoint aux affaires économiques au ministère des Affaires étrangères. De 2011 à 2016, il est ambassadeur de Turquie en Italie puis en France.

Corinne de Bilbao

Après une expérience de vingt-cinq ans dans de nombreuses activités du groupe General Electric, Corinne de Bilbao a été nommée en mars 2016 présidente et CEO de GE France. Son rôle est de supporter la croissance des activités du groupe en France et d'accompagner la transformation digitale, notamment en développant un pôle de compétences et un écosystème permettant de positionner GE France comme un acteur majeur du digital industriel en Europe.

Jean-Charles Bourlier

Depuis le 3 octobre 2016, Jean-Charles Bourlier est directeur général de Climespace, filiale du groupe ENGIE en charge de l'exploitation et du développement du réseau de froid urbain de la Ville de Paris.

Jean-Charles Bourlier a débuté sa carrière chez Bouygues et a ensuite exercé plusieurs fonctions au sein de la Lyonnaise des Eaux pendant une quinzaine d'années. Puis, il prend la direction du pôle industries d'Endel avant de rejoindre Climespace ENGIE.

À travers ce parcours, Jean-Charles Bourlier a consolidé de très bonnes connaissances des collectivités locales et du marché de l'industrie. Il est par ailleurs aguerri à la mise en œuvre des partenariats stratégiques.

Pierre-André de Chalendar

Pierre-André de Chalendar est diplômé de l'Essec et ancien élève de l'École nationale d'administration. Ancien inspecteur des Finances, il a été adjoint du directeur général chargé de l'Énergie et des Matières premières au ministère de l'Industrie.

Il entre en 1989 à la Compagnie de Saint-Gobain comme directeur du plan. Il est nommé directeur général de la Compagnie de Saint-Gobain en 2007, et est président-directeur général depuis 2010. Pierre-André de Chalendar est par ailleurs administrateur de BNP Paribas. Il est vice-président d'entreprises pour l'environnement, qu'il présida de 2012 à 2015. Il est l'auteur de *Notre combat pour le climat* (Édition Le Passeur, 2015).

Jean-Marie Chevalier

Jean-Marie Chevalier est professeur émérite de sciences économiques à l'université Paris-Dauphine où il a dirigé le Centre de géopolitique de l'énergie et des matières premières (CGEMP) jusqu'en 2010.

Il est aussi senior associé au Cambridge Energy Research Associates (IHS-CERA, Paris office), et membre du Cercle des économistes. Il a été administrateur de Nexans et membre du Conseil d'analyse économique (CAE) du Premier ministre.

Il est l'auteur de nombreux ouvrages et articles sur l'industrie et l'énergie, dont *Les Grandes Batailles de l'énergie* (Gallimard, coll. « Folio Actuel », 2004), *Gaz et Électricité : un défi pour l'Europe et pour la France* (avec J. Percebois, rapport du CAE 2008, La Documentation Française), *Les 100 Mots de l'énergie* (PUF, coll. « Que sais-je ? », 2e éd. 2011), *Les Nouveaux Défis de l'énergie. Climat, économie et géopolitique* (Économie, 2e éd. 2011) dont la version anglaise est *The New Energy Crisis : Climate, Economics and Geopolitics* (Palgrave Macmillan, 2e éd. 2012). Il a récemment été l'auteur, avec Michel Derdevet et Patrice Geoffron, de *L'Avenir énergétique : cartes sur table* (Gallimard, coll. « Folio », 2012).

En octobre 2009, Mme Christine Lagarde, ministre de l'Économie, de l'Industrie et de l'Emploi, a confié à M. Chevalier la présidence d'un groupe de travail sur la volatilité du prix du pétrole. Le rapport a été présenté en février 2010.

Jean-Marie Chevalier est diplômé de l'Institut d'études politiques de Paris, docteur en sciences économiques (université Panthéon-Sorbonne) et agrégé des facultés de sciences économiques.

Laurent Fabius

Né en 1946 à Paris, Laurent Fabius est ancien élève de l'École normale supérieure de la rue d'Ulm, agrégé de lettres modernes et ancien élève de l'École nationale d'administration (promotion « François Rabelais »).

Laurent Fabius a débuté sa carrière par l'exercice de fonctions juridictionnelles au Conseil d'État. Élu député de Seine-Maritime en 1978 – et réélu à chaque élection jusqu'en 2012 –, il assume des responsabilités gouvernementales au début du premier septennat de François Mitterrand, d'abord comme ministre délégué chargé du Budget de 1981 à 1983, puis comme ministre de l'Industrie et de la Recherche de 1983 à 1984. Il est ensuite nommé Premier ministre, à 37 ans, fonction qu'il a occupée de 1984 à 1986.

À deux reprises, Laurent Fabius a présidé l'Assemblée nationale : de 1988 à 1992, puis de 1997 à 2000. Il a été ministre de l'Économie, des Finances et de l'Industrie de 2000 à 2002, et ministre des Affaires étrangères et du Développement international de 2012 à 2016. En 2015, il a présidé la Conférence de Paris pour le climat, la COP21, qui a abouti au premier accord universel de lutte contre le changement climatique.

Laurent Fabius a également exercé de nombreuses responsabilités au plan local, notamment comme maire de Grand-Quevilly et comme président de la Communauté d'agglomération de Rouen.

Laurent Fabius a été nommé Président du Conseil constitutionnel le 19 février 2016 par le Président de la République.

Patrice Geoffron

Patrice Geoffron est professeur d'économie à l'université Paris-Dauphine depuis 2002. Vice-président international de l'université de 2004 à 2007, il dirige depuis le laboratoire d'économie de Dauphine (LEDa) qui regroupe l'ensemble des économistes, ainsi que l'équipe énergie-climat (CGEMP) en son sein. En tant que chercheur, après avoir longtemps travaillé sur des questions relatives à l'innovation, notamment au Japon, puis relatives aux technologies de l'information, il se consacre désormais à la dynamique de transformation des systèmes énergétiques.

Bertrand Jacquillat

Bertrand Jacquillat est professeur émérite des universités à Sciences Po Paris. Il est le cofondateur et président d'honneur d'Associés en Finance, société de conseil en économie financière. Il est membre du Cercle des Économistes. Il est diplômé de HEC, Sciences Po Paris et de Harvard Business School (MBA). Il a un doctorat en économie et gestion financière de l'université Paris-Dauphine et est agrégé des facultés de droit (1980). Avant de rejoindre Sciences Po, il a été professeur à HEC, à la Graduate School of Business de l'université de Stanford, à l'université de Lille-I, à l'université de Californie, Berkeley et à l'université Paris-Dauphine dont il fut le vice-président du conseil scientifique, et Visiting Fellow à la Hoover Institution de l'Université de Stanford. Bertrand Jacquillat a publié plus d'une dizaine d'ouvrages et une centaine d'articles, dont une grande partie dans des revues scientifiques dotées de comité de lecture. Bertrand Jacquillat est administrateur de plusieurs sociétés (dont Total, Klépierre et Presses Universitaires de France).

Isabelle Kocher

Isabelle Kocher est ancienne élève de l'École normale supérieure (Ulm) et ingénieur diplômé de Mines Paristech en tant qu'ingénieur du corps des Mines. Elle est également titulaire d'une maîtrise en optique quantique et d'un certificat d'études supérieures en physique.

De 1997 à 1999, Isabelle Kocher est chargée des budgets des Postes et Télécommunications puis du budget de la Défense au ministère français du Budget. Puis, entre 1999 et 2002, elle est conseillère pour les affaires industrielles au cabinet du Premier ministre. Isabelle Kocher rejoint la société Suez en 2002 (alors GDF Suez, aujourd'hui ENGIE) au sein de laquelle elle occupe des postes fonctionnels et opérationnels pendant douze ans. Directeur général délégué en charge des opérations de GDF Suez d'octobre 2014 à avril 2016, elle est nommée directeur financier de GDF Suez en 2011. Avant d'être promue directeur général de la Lyonnaise des Eaux (filiale de Suez Environnement) en 2009, elle est nommée directeur général délégué en 2007. De 2002 à 2005, elle est directeur en charge de la vision stratégique du Groupe Suez. Elle est chevalier de la Légion d'honneur et chevalier de l'ordre du Mérite. Elle est présidente de l'initiative Terrawatt, une organisation mondiale à but non lucratif destinée à mettre en œuvre un nouveau mix énergétique mondial correspondant à un nouveau paradigme énergétique.

Véra de Ladoucette

Diplômée de l'Institut d'études politiques de Paris, Véra de Ladoucette est titulaire d'une maîtrise en droit et d'un master 2 en muséologie de l'École du Louvre.

Elle a essentiellement effectué sa carrière professionnelle dans le domaine de l'énergie, du ministère de l'Industrie au conseil, en passant par un major pétrolier. De 1975 à 1982, elle est chargée de mission pour les affaires internationales à la direction générale de l'Énergie et des Matières premières du ministère de l'Industrie. Elle intègre ensuite Elf Aquitaine, puis TotalFinaElf où elle devient, en 1993, directeur des relations internationales du groupe. De 2001 à 2009 elle est nommée directeur Moyen-Orient et directeur du bureau de Paris de Cambridge Energy Research Associates (CERA), puis IHS CERA. En 2009, elle est senior associate d'IHS CERA, puis IHSMarkit. Véra de Ladoucette est chevalier de la Légion d'honneur.

Thibaud Le Séguillon

Basé à Dresde, en Allemagne, Thibaud Le Séguillon est directeur général de Heliatek Gmbh, une start-up de hautes technologies leader mondial du photovoltaïque organique. Précédemment en poste en Chine, à Shanghai, il a présidé

Parlex Corporation, une société de 1 500 employés et de 100 millions de dollars de chiffre d'affaires. Avant cela, il a travaillé à Boston pour Parlex Corporation (NASDAQ : PRLX) en tant que vice-président en charge des opérations. Plus tôt dans sa carrière, il a été directeur général de Axon Cable Inc., une filiale d'Axon Cable SA, basée à Chicago. Conseiller du commerce extérieur de la France, Thibaud Le Séguillon a un MBA en commerce international de NEOMA-Reims et un diplôme d'ingénieur en électronique et informatique de l'ESEO.

Jean-David Levitte

Aujourd'hui membre de l'Académie des Sciences Morales et Politiques et Distinguished Fellow de la Brookings Institution à Washington, Jean-David Levitte a eu une carrière diplomatique particulièrement remarquable : Ambassadeur à l'ONU à New York puis aux États-Unis à Washington, il a également été pendant seize ans à l'Élysée le conseiller en politique étrangère de trois Présidents de la République.

De 2007 à 2012, il a été le conseiller diplomatique et Sherpa du Président Nicolas Sarkozy. De 2003 à 2007, il a été Ambassadeur à Washington pendant la difficile période de la guerre en Irak. De 2000 à 2002, il a été Ambassadeur à l'ONU à New York, présidant le Conseil de Sécurité lors des attaques du 11 septembre 2001, et négociant le retour des inspecteurs en Irak en 2002.

De 1995 à 2000, il a été le conseiller diplomatique et Sherpa du Président Jacques Chirac. Auparavant, il a été notamment Directeur Général des Relations Culturelles, Scientifiques et Techniques du Ministère, Directeur d'Asie (il a négocié à ce titre l'accord de paix au Cambodge), Ambassadeur aux Nations Unies à Genève, sous-directeur de l'Afrique de l'Ouest au Ministère.

Entré au Quai d'Orsay en 1970, Jean-David Levitte a commencé sa carrière diplomatique à Hong Kong puis à Pékin, avant d'être appelé par le Président Giscard d'Estaing à rejoindre l'Élysée de 1975 à 1981.

Né à Moissac en 1946, Jean-David Levitte est titulaire d'une licence en droit, diplômé de Sciences-Po Paris et diplômé des Langues Orientales (INALCO) en chinois et indonésien.

Colette Lewiner

Colette Lewiner est une ancienne élève de l'École normale supérieure agrégée de physique et docteur ès sciences physiques.

Après une carrière universitaire, elle rejoint Électricité de France et, en 1989, elle crée la direction du développement et de la stratégie commerciale. Elle est à ce titre la première femme directeur à EDF.

De 1992 à 1998, elle est président-directeur général de SGN, société d'ingénierie nucléaire filiale d'Areva. En 1998, elle rejoint Capgemini pour créer et puis diriger le secteur global Energy and *Utilities*. Colette Lewiner devient au 1er juillet 2012, conseillère du président de Capgemini sur les questions énergétiques. Elle est administratrice indépendante de : EDF, Bouygues, Colas, Eurotunnel, Ingénico et Nexans. Colette Lewiner est Grand Officier de l'Ordre National du Mérite et commandeur de la Légion d'honneur.

Jean-Hervé Lorenzi

Jean-Hervé Lorenzi est président du Cercle des économistes. Il est titulaire de la chaire «transition démographique, transition économique» de la Fondation du risque. Il est président du Pôle de compétitivité, finance et innovation et membre du directoire d'Edmond de Rothschild France. Il est administrateur indépendant du conseil de surveillance d'Euler Hermès et du conseil d'administration de

BNP Paribas Cardif. Il est membre du comité éditorial de la revue *Risques*. Jean-Hervé Lorenzi est également membre du conseil d'administration de l'Institut Louis-Bachelier, de la Fondation du risque, de la Fondation Médéric Alzheimer, de l'IDATE et de l'association Anvie.

Gérard Magnin

Après des études en électrotechnique, puis en économie, Gérard Magnin enseigne les sciences économiques et sociales. Il rejoint ensuite l'Agence française pour la maîtrise de l'énergie devenue ADEME, comme délégué régional, après quoi il anime l'association de villes européennes, Energy Cities, qu'il a fondée en 1990. Il est membre du Ceser de Bourgogne Franche-Comté. Nommé au conseil d'administration d'EDF en 2014, il en démissionne en juillet 2016. Depuis septembre 2016, il préside une coopérative de financement citoyen d'énergies renouvelables.

Gérard Mestrallet

Gérard Mestrallet est diplômé de l'École polytechnique et de l'École nationale d'administration. Après avoir occupé différents postes à la direction du Trésor et au cabinet du ministre EcoFin (Jacques Delors), Gérard Mestrallet entre en 1984 à la Compagnie financière de Suez. En 1991, il est nommé président du comité de direction de la Société générale de Belgique. En 1995, il devient président-directeur général de la Compagnie de Suez. Gérard Mestrallet est nommé président-directeur général de GDF Suez (devenu ENGIE) lors de la fusion de Suez avec Gaz de France en juillet 2008. Depuis le 3 mai 2016, il est président du conseil d'administration d'ENGIE et président du conseil d'administration de Suez. Gérard Mestrallet est également président de la Fondation Agir contre l'exclusion (FACE) et président de Paris Europlace.

Saïd Mouline

Saïd Mouline est ingénieur spécialisé dans les secteurs de l'énergie et de la protection de l'environnement. Diplômé de l'Institut national polytechnique de Grenoble et de l'université de Pennsylvanie à Philadelphie, il est président de la Commission énergie, climat et économie verte à la CGEM ainsi que du Centre marocain de production propre. Il fut aussi conseiller au cabinet du ministre de l'Énergie et des Mines et a également conseillé plusieurs organismes nationaux et internationaux comme la Fondation Mohammed-VI pour la protection de l'environnement, la BMCE Bank of Africa, le WLPGA, la Banque mondiale, la SFI, la GIZ, la KfW et le PNUD. Il a aussi été conseiller développement durable du président de l'OCP. Il est actuellement Directeur Général de l'Agence marocaine de l'efficacité énergétique (AMEE) et responsable des partenariats public-privé au sein du comité d'organisation de la COP22.

Jean-François Parlanti

Le général Jean-François Parlanti est saint-cyrien et a effectué sa carrière au sein des troupes de marine en France et outre-mer où il a exercé des fonctions de commandement dans les forces, notamment à la tête du régiment d'infanterie de marine du Pacifique de Nouvelle-Calédonie, au sein des écoles de formation de l'armée de terre, notamment à l'école spéciale militaire de Saint-Cyr en tant que commandant d'une promotion de saint-cyriens et à l'École de guerre. Il a aussi servi au sein de l'administration centrale, à l'état-major de l'armée de terre (EMAT) puis à l'état-major des armées (EMA). Il a participé à plusieurs opérations extérieures notamment au Liban dans le cadre de la Finul et en Bosnie-Herzégovine avec l'Otan. Il est breveté de l'enseignement militaire supérieur américain (Fort Leavenworth et Norfolk), et est ancien auditeur de la 59e session de l'Institut des hautes études de la défense nationale italien à Rome. Il est ingénieur de l'école spéciale militaire de Saint-Cyr et titulaire d'un master de deuxième niveau en études avancées de défense de l'université de Pérouse. Nommé général en août 2010, il a successivement occupé les fonctions de chef de la division maîtrise des armements de l'EMA, de commandant supérieur des forces armées en Nouvelle-Calédonie (FANC), de directeur du Centre de doctrine d'emploi des forces (CDEF) de l'armée de terre. Il est, depuis 2014, le directeur du centre interarmées de concepts, de doctrines et d'expérimentations (CICDE) en charge, au niveau interarmées et au profit de l'EMA, de l'élaboration des doctrines d'emploi des forces et de la prospective opérationnelle. Le général de division Parlanti est officier de la Légion d'honneur et de l'Ordre national du Mérite et titulaire d'une citation.

Olivier Pastré

Professeur à l'université Paris-VIII, Olivier Pastré est aujourd'hui conseiller scientifique de la *Revue d'économie financière*, directeur de collection aux éditions Fayard et chroniqueur sur France Culture. Il est l'auteur de nombreux livres parmi lesquels *Le Roman vrai de la crise financière* (Éditions Perrin, coll. «Tempus», 2011, prix Turgot). Il a été conseiller auprès du directeur du Trésor (1982-1984) et membre de la commission de surveillance de la Caisse des dépôts (2009-2013), a dirigé plusieurs banques d'affaires et préside IM Bank (Tunisie). Il est titulaire d'un Master of Arts in Economics (University of Rhode Island) et est agrégé des facultés de droit.

Patrick Pouyanné

Diplômé de l'École polytechnique et ingénieur du corps des Mines, Patrick Pouyanné a occupé différentes fonctions au ministère de l'Industrie et dans les cabinets ministériels de 1989 à 1996.

Il a notamment été conseiller technique du Premier ministre pour l'Industrie et l'Environnement de 1993 à 1995 et directeur de cabinet du ministre des Technologies de l'information et de l'espace de 1995 à 1996.

Il rejoint Total en janvier 1997 comme secrétaire général de Total Exploration & Production Angola, puis est nommé représentant du groupe au Qatar en 1999. En août 2002, Patrick Pouyanné devient directeur finances, économie et systèmes d'information de la branche exploration & production, puis en janvier 2006, directeur stratégie, croissance, recherche de celle-ci.

En janvier 2012, Patrick Pouyanné est nommé directeur général de la branche raffinage-chimie et membre du comité exécutif du groupe. Le 22 octobre 2014, il est nommé directeur général de Total par le Conseil d'administration, et devient simultanément président du comité exécutif du groupe. Le 29 mai 2015, il est élu membre du conseil d'administration de Total.

Patrick Pouyanné a été promu chevalier de la Légion d'honneur en avril 2015.

Le 16 décembre 2015, il est nommé par le conseil d'administration président-directeur général de Total.

Hubert Védrine

Titulaire d'une licence d'histoire, diplômé de Sciences-Po Paris et de L'ENA, Hubert Védrine est collaborateur du président de la République François Mitterrand à partir de mai 1981. D'abord conseiller diplomatique, il devient ensuite porte-parole et conseiller pour les Affaires stratégiques. Puis, de 1991 à 1995, il est secrétaire général de la présidence de la République. Après deux ans comme avocat au cabinet Jeantet, Hubert Védrine est nommé ministre des Affaires étrangères dans le gouvernement Jospin sous la présidence de Jacques Chirac. En 2003, il crée sa société de conseil en risques géopolitiques Hubert Védrine Conseil.

En 2005, il est choisi par Kofi Annan, MM. Zapatero et
Erdogan pour faire partie du High Level Group de vingt
personnes originaires du monde entier dit Alliance des
Civilisations (2005-2007). Depuis 2005, Hubert Védrine est
chargé d'un master en sécurité internationale et d'un cours
sur les réalités internationales à Sciences-Po Paris.

A

B

C